T&P BOOKS

I0151489

TURCO

VOCABULÁRIO

PALAVRAS MAIS ÚTEIS

PORTUGUÊS TURCO

Para alargar o seu léxico e apurar as suas competências linguísticas

7000 palavras

Vocabulário Português-Turco - 7000 palavras

Por Andrey Taranov

Os vocabulários da T&P Books destinam-se a ajudar a aprender, a memorizar, e a rever palavras estrangeiras. O dicionário é dividido em temas, cobrindo todas as principais esferas de atividades quotidianas, negócios, ciência, cultura, etc.

O processo de aprendizagem, utilizando os dicionários baseados em temáticas da T&P Books dá-lhe as seguintes vantagens:

- Informação de origem corretamente agrupada predetermina o sucesso em fases subsequentes da memorização de palavras
- Disponibilização de palavras derivadas da mesma raiz, o que permite a memorização de unidades de texto (em vez de palavras separadas)
- Pequenas unidades de palavras facilitam o processo de estabelecimento de vínculos associativos necessários para a consolidação do vocabulário
- O nível de conhecimento da língua pode ser estimado pelo número de palavras aprendidas

Copyright © 2019 T&P Books Publishing

Todos os direitos reservados. Nenhuma parte desta publicação pode ser reproduzida, total ou parcialmente, por quaisquer métodos ou processos, sejam eles eletrónicos, mecânicos, de fotocópia ou outros, sem a autorização escrita do editor. Esta publicação não pode ser divulgada, copiada ou distribuída em nenhum formato.

T&P Books Publishing
www.tpbooks.com

ISBN: 978-1-78400-898-7

Este livro também está disponível em formato E-book.
Por favor visite www.tpbooks.com ou as principais livrarias on-line.

VOCABULÁRIO TURCO
palavras mais úteis

Os vocabulários da T&P Books destinam-se a ajudar a aprender, a memorizar, e a rever palavras estrangeiras. O vocabulário contém mais de 7000 palavras de uso comum organizadas tematicamente.

O vocabulário contém as palavras mais comummente usadas

Recomendado como adicional para qualquer curso de línguas

Satisfaz as necessidades dos iniciados e dos alunos avançados de línguas estrangeiras

Conveniente para o uso diário, sessões de revisão e atividades de auto-teste

Permite avaliar o seu vocabulário

Características especias do vocabulário

- As palavras estão organizadas de acordo com o seu significado, e não por ordem alfabética
- As palavras são apresentadas em três colunas para facilitar os processos de revisão e auto-teste
- As palavras compostas são divididas em pequenos blocos para facilitar o processo de aprendizagem
- O vocabulário oferece uma transcrição simples e adequada de cada palavra estrangeira

O vocabulário contém 198 tópicos incluindo:

Conceitos básicos, Números, Cores, Meses, Estações do ano, Unidades de medida, Roupas & Acessórios, Alimentos & Nutrição, Restaurante, Membros da Família, Parentes, Caráter, Sentimentos, Emoções, Doenças, Cidade, Passeios, Compras, Dinheiro, Casa, Lar, Escritório, Trabalho no Escritório, Importação & Exportação, Marketing, Pesquisa de Emprego, Desportos, Educação, Computador, Internet, Ferramentas, Natureza, Países, Nacionalidades e muito mais ...

TABELA DE CONTEÚDOS

GUIA DE PRONUNCIAÇÃO

Alfabeto fonético T&P	Exemplo Turco	Exemplo Português

Vogais

[a]	**akşam** [akʃam]	chamar
[e]	**kemer** [kemer]	mover
[i]	**bitki** [bitki]	sinónimo
[ı]	**fırıncı** [fırındʒı]	sinónimo
[o]	**foto** [foto]	lobo
[u]	**kurşun** [kurʃun]	bonita
[ø]	**römorkör** [rømorkør]	orgulhoso
[y]	**cümle** [dʒymle]	questionar

Consoantes

[b]	**baba** [baba]	barril
[d]	**ahududu** [ahududu]	dentista
[dʒ]	**acil** [adʒil]	adjetivo
[f]	**felsefe** [felsefe]	safári
[g]	**guguk** [guguk]	gosto
[ʒ]	**Japon** [ʒapon]	talvez
[j]	**kayak** [kajak]	géiser
[h]	**merhaba** [merhaba]	[h] aspirada
[k]	**okumak** [okumak]	kiwi
[l]	**sağlıklı** [saalıklı]	libra
[m]	**mermer** [mermer]	magnólia
[n]	**nadiren** [nadiren]	natureza
[p]	**papaz** [papaz]	presente
[r]	**rehber** [rehber]	riscar
[s]	**saksağan** [saksaan]	sanita
[ʃ]	**şalgam** [ʃalgam]	mês
[t]	**takvim** [takvim]	tulipa
[ʧ]	**çelik** [ʧelik]	Tchau!
[v]	**Varşova** [varʃova]	fava
[z]	**kuzey** [kuzej]	sésamo

ABREVIATURAS usadas no vocabulário

Abreviaturas do Português

adj	- adjetivo
adv	- advérbio
anim.	- animado
conj.	- conjunção
desp.	- desporto
etc.	- etecetra
ex.	- por exemplo
f	- nome feminino
f pl	- feminino plural
fem.	- feminino
inanim.	- inanimado
m	- nome masculino
m pl	- masculino plural
m, f	- masculino, feminino
masc.	- masculino
mat.	- matemática
mil.	- militar
pl	- plural
prep.	- preposição
pron.	- pronome
sb.	- sobre
sing.	- singular
v aux	- verbo auxiliar
vi	- verbo intransitivo
vi, vt	- verbo intransitivo, transitivo
vr	- verbo reflexivo
vt	- verbo transitivo

CONCEITOS BÁSICOS

Conceitos básicos. Parte 1

1. Pronomes

eu	**ben**	[ben]
tu	**sen**	[sen]
ele, ela	**o**	[o]
nós	**biz**	[biz]
vocês	**siz**	[siz]
eles, elas	**onlar**	[onlar]

2. Cumprimentos. Saudações. Despedidas

Olá!	**Selam!**	[selam]
Bom dia! (formal)	**Merhaba!**	[merhaba]
Bom dia! (de manhã)	**Günaydın!**	[gynajdın]
Boa tarde!	**İyi günler!**	[iji gynler]
Boa noite!	**İyi akşamlar!**	[iji akʃamlar]
cumprimentar (vt)	**selam vermek**	[selam vermek]
Olá!	**Selam!, Merhaba!**	[selam], [merhaba]
saudação (f)	**selam**	[selam]
saudar (vt)	**selamlamak**	[selamlamak]
Como vai?	**Nasılsın?**	[nasılsın]
O que há de novo?	**Ne var ne yok?**	[ne var ne jok]
Até à vista!	**Hoşca kalın!**	[hoʃʤa kalın]
Até breve!	**Görüşürüz!**	[gøryʃyryz]
Adeus! (sing.)	**Güle güle!**	[gyle gyle]
Adeus! (pl)	**Elveda!**	[elveda]
despedir-se (vr)	**vedalaşmak**	[vedalaʃmak]
Até logo!	**Hoşça kal!**	[hoʃʧa kal]
Obrigado! -a!	**Teşekkür ederim!**	[teʃekkyr ederim]
Muito obrigado! -a!	**Çok teşekkür ederim!**	[ʧok teʃekkyr ederim]
De nada	**Rica ederim**	[riʤa ederim]
Não tem de quê	**Bir şey değil**	[bir ʃej deil]
De nada	**Estağfurullah**	[estaafurulla]
Desculpa!	**Affedersin!**	[afedersin]
Desculpe!	**Affedersiniz!**	[afedersiniz]
desculpar (vt)	**affetmek**	[afetmek]
desculpar-se (vr)	**özür dilemek**	[øzyr dilemek]
As minhas desculpas	**Özür dilerim**	[øzyr dilerim]

Desculpe!	**Affedersiniz!**	[afedersiniz]
perdoar (vt)	**affetmek**	[afetmek]
por favor	**lütfen**	[lytfen]
Não se esqueça!	**Unutmayın!**	[unutmajın]
Certamente! Claro!	**Kesinlikle!**	[kesinlikte]
Claro que não!	**Tabi ki hayır!**	[tabi ki hajır]
Está bem! De acordo!	**Tamam!**	[tamam]
Basta!	**Yeter artık!**	[jeter artık]

3. Números cardinais. Parte 1

zero	**sıfır**	[sıfır]
um	**bir**	[bir]
dois	**iki**	[iki]
três	**üç**	[ytʃ]
quatro	**dört**	[dørt]
cinco	**beş**	[beʃ]
seis	**altı**	[altı]
sete	**yedi**	[jedi]
oito	**sekiz**	[sekiz]
nove	**dokuz**	[dokuz]
dez	**on**	[on]
onze	**on bir**	[on bir]
doze	**on iki**	[on iki]
treze	**on üç**	[on ytʃ]
catorze	**on dört**	[on dørt]
quinze	**on beş**	[on beʃ]
dezasseis	**on altı**	[on altı]
dezassete	**on yedi**	[on jedi]
dezoito	**on sekiz**	[on sekiz]
dezanove	**on dokuz**	[on dokuz]
vinte	**yirmi**	[jirmi]
vinte e um	**yirmi bir**	[jirmi bir]
vinte e dois	**yirmi iki**	[jirmi iki]
vinte e três	**yirmi üç**	[jirmi ytʃ]
trinta	**otuz**	[otuz]
trinta e um	**otuz bir**	[otuz bir]
trinta e dois	**otuz iki**	[otuz iki]
trinta e três	**otuz üç**	[otuz ytʃ]
quarenta	**kırk**	[kırk]
quarenta e um	**kırk bir**	[kırk bir]
quarenta e dois	**kırk iki**	[kırk iki]
quarenta e três	**kırk üç**	[kırk ytʃ]
cinquenta	**elli**	[elli]
cinquenta e um	**elli bir**	[elli bir]
cinquenta e dois	**elli iki**	[elli iki]

cinquenta e três	**elli üç**	[elli ytʃ]
sessenta	**altmış**	[altmıʃ]
sessenta e um	**altmış bir**	[altmıʃ bir]
sessenta e dois	**altmış iki**	[altmıʃ iki]
sessenta e três	**altmış üç**	[altmıʃ ytʃ]
setenta	**yetmiş**	[jetmiʃ]
setenta e um	**yetmiş bir**	[jetmiʃ bir]
setenta e dois	**yetmiş iki**	[jetmiʃ iki]
setenta e três	**yetmiş üç**	[jetmiʃ ytʃ]
oitenta	**seksen**	[seksen]
oitenta e um	**seksen bir**	[seksen bir]
oitenta e dois	**seksen iki**	[seksen iki]
oitenta e três	**seksen üç**	[seksen ytʃ]
noventa	**doksan**	[doksan]
noventa e um	**doksan bir**	[doksan bir]
noventa e dois	**doksan iki**	[doksan iki]
noventa e três	**doksan üç**	[doksan ytʃ]

4. Números cardinais. Parte 2

cem	**yüz**	[juz]
duzentos	**iki yüz**	[iki juz]
trezentos	**üç yüz**	[ytʃ juz]
quatrocentos	**dört yüz**	[dørt juz]
quinhentos	**beş yüz**	[beʃ juz]
seiscentos	**altı yüz**	[altı juz]
setecentos	**yedi yüz**	[jedi juz]
oitocentos	**sekiz yüz**	[sekiz juz]
novecentos	**dokuz yüz**	[dokuz juz]
mil	**bin**	[bin]
dois mil	**iki bin**	[iki bin]
De quem são ...?	**üç bin**	[ytʃ bin]
dez mil	**on bin**	[on bin]
cem mil	**yüz bin**	[juz bin]
um milhão	**milyon**	[miljon]
mil milhões	**milyar**	[miljar]

5. Números. Frações

fração (f)	**kesir**	[kesir]
um meio	**yarım**	[jarım]
um terço	**üçte bir**	[ytʃte bir]
um quarto	**dörtte bir**	[dørtte bir]
um oitavo	**sekizde bir**	[sekizde bir]
um décimo	**onda bir**	[onda bir]
dois terços	**üçte iki**	[ytʃte iki]
três quartos	**dörtte üç**	[dørtte ytʃ]

6. Números. Operações básicas

subtração (f)	**çıkarma**	[ʧıkarma]
subtrair (vi, vt)	**çıkarmak**	[ʧıkarmak]
divisão (f)	**bölme**	[bølme]
dividir (vt)	**bölmek**	[bølmek]
adição (f)	**toplama**	[toplama]
somar (vt)	**toplamak**	[toplamak]
adicionar (vt)	**katmak**	[katmak]
multiplicação (f)	**çarpma**	[ʧarpma]
multiplicar (vt)	**çarpmak**	[ʧarpmak]

7. Números. Diversos

algarismo, dígito (m)	**rakam**	[rakam]
número (m)	**sayı**	[sajı]
numeral (m)	**sayı, rakam**	[sajı], [rakam]
menos (m)	**eksi**	[eksi]
mais (m)	**artı**	[artı]
fórmula (f)	**formül**	[formyl]
cálculo (m)	**hesaplama**	[hesaplama]
contar (vt)	**saymak**	[sajmak]
calcular (vt)	**hesaplamak**	[hesaplamak]
comparar (vt)	**karşılaştırmak**	[karʃılaʃtırmak]
Quanto?	**Kaç?**	[katʃ]
Quantos? -as?	**Ne kadar?**	[ne kadar]
soma (f)	**toplam**	[toplam]
resultado (m)	**sonuç**	[sonutʃ]
resto (m)	**kalan**	[kalan]
alguns, algumas ...	**birkaç**	[birkatʃ]
um pouco de ...	**biraz**	[biraz]
resto (m)	**geri kalan**	[geri kalan]
um e meio	**bir buçuk**	[bir butʃuk]
dúzia (f)	**düzine**	[dyzine]
ao meio	**yarı yarıya**	[jarı jarıja]
em partes iguais	**eşit olarak**	[eʃit olarak]
metade (f)	**yarım**	[jarım]
vez (f)	**kere**	[kere]

8. Os verbos mais importantes. Parte 1

abrir (vt)	**açmak**	[atʃmak]
acabar, terminar (vt)	**bitirmek**	[bitirmek]
aconselhar (vt)	**tavsiye etmek**	[tavsije etmek]
adivinhar (vt)	**doğru tahmin etmek**	[dooru tahmin etmek]

advertir (vt)	**uyarmak**	[ujarmak]
ajudar (vt)	**yardım etmek**	[jardım etmek]
almoçar (vi)	**öğle yemeği yemek**	[ø:le jemei jemek]
alugar (~ um apartamento)	**kiralamak**	[kiralamak]
amar (vt)	**sevmek**	[sevmek]
ameaçar (vt)	**tehdit etmek**	[tehdit etmek]
anotar (escrever)	**not almak**	[not almak]
apanhar (vt)	**tutmak**	[tutmak]
apressar-se (vr)	**acele etmek**	[adʒele etmek]
arrepender-se (vr)	**üzülmek**	[yzylmek]
assinar (vt)	**imzalamak**	[imzalamak]
atirar, disparar (vi)	**ateş etmek**	[ateʃ etmek]
brincar (vi)	**şaka yapmak**	[ʃaka japmak]
brincar, jogar (crianças)	**oynamak**	[ojnamak]
buscar (vt)	**aramak**	[aramak]
caçar (vi)	**avlamak**	[avlamak]
cair (vi)	**düşmek**	[dyʃmek]
cavar (vt)	**kazmak**	[kazmak]
cessar (vt)	**durdurmak**	[durdurmak]
chamar (~ por socorro)	**çağırmak**	[ʧaırmak]
chegar (vi)	**gelmek**	[gelmek]
chorar (vi)	**ağlamak**	[aalamak]
começar (vt)	**başlamak**	[baʃlamak]
comparar (vt)	**karşılaştırmak**	[karʃılaʃtırmak]
compreender (vt)	**anlamak**	[anlamak]
concordar (vi)	**razı olmak**	[razı olmak]
confiar (vt)	**güvenmek**	[gyvenmek]
confundir (equivocar-se)	**ayırt edememek**	[ajırt edememek]
conhecer (vt)	**tanımak**	[tanımak]
contar (fazer contas)	**saymak**	[sajmak]
contar com (esperar)	**... güvenmek**	[gyvenmek]
continuar (vt)	**devam etmek**	[devam etmek]
controlar (vt)	**kontrol etmek**	[kontrol etmek]
convidar (vt)	**davet etmek**	[davet etmek]
correr (vi)	**koşmak**	[koʃmak]
criar (vt)	**oluşturmak**	[oluʃturmak]
custar (vt)	**değerinde olmak**	[deerinde olmak]

9. Os verbos mais importantes. Parte 2

dar (vt)	**vermek**	[vermek]
dar uma dica	**ipucu vermek**	[ipudʒu vermek]
decorar (enfeitar)	**süslemek**	[syslemek]
defender (vt)	**savunmak**	[savunmak]
deixar cair (vt)	**düşürmek**	[dyʃyrmek]
descer (para baixo)	**aşağı inmek**	[aʃaı inmek]
desculpar (vt)	**affetmek**	[afetmek]

desculpar-se (vr)	**özür dilemek**	[øzyr dilemek]
dirigir (~ uma empresa)	**yönetmek**	[jønetmek]
discutir (notícias, etc.)	**görüşmek**	[gøryʃmek]
dizer (vt)	**söylemek**	[søjlemek]
duvidar (vt)	**tereddüt etmek**	[tereddyt etmek]
encontrar (achar)	**bulmak**	[bulmak]
enganar (vt)	**aldatmak**	[aldatmak]
entrar (na sala, etc.)	**girmek**	[girmek]
enviar (uma carta)	**göndermek**	[gøndermek]
errar (equivocar-se)	**hata yapmak**	[hata japmak]
escolher (vt)	**seçmek**	[setʃmek]
esconder (vt)	**saklamak**	[saklamak]
escrever (vt)	**yazmak**	[jazmak]
esperar (o autocarro, etc.)	**beklemek**	[beklemek]
esperar (ter esperança)	**ummak**	[ummak]
esquecer (vt)	**unutmak**	[unutmak]
estudar (vt)	**öğrenmek**	[ø:renmek]
exigir (vt)	**talep etmek**	[talep etmek]
existir (vi)	**var olmak**	[var olmak]
explicar (vt)	**izah etmek**	[izah etmek]
falar (vi)	**konuşmak**	[konuʃmak]
faltar (clases, etc.)	**gelmemek**	[gelmemek]
fazer (vt)	**yapmak, etmek**	[japmak], [etmek]
ficar em silêncio	**susmak**	[susmak]
gabar-se, jactar-se (vr)	**övünmek**	[øvynmek]
gritar (vi)	**bağırmak**	[baırmak]
guardar (cartas, etc.)	**saklamak**	[saklamak]
informar (vt)	**bilgi vermek**	[bilgi vermek]
insistir (vi)	**ısrar etmek**	[ısrar etmek]
insultar (vt)	**hakaret etmek**	[hakaret etmek]
interessar-se (vr)	**ilgilenmek**	[ilgilenmek]
ir (a pé)	**yürümek, gitmek**	[jurymek], [gitmek]
ir nadar	**suya girmek**	[suja girmek]
jantar (vi)	**akşam yemeği yemek**	[akʃam jemei jemek]

10. Os verbos mais importantes. Parte 3

ler (vt)	**okumak**	[okumak]
libertar (cidade, etc.)	**serbest bırakmak**	[serbest bırakmak]
matar (vt)	**öldürmek**	[øldyrmek]
mencionar (vt)	**anmak**	[anmak]
mostrar (vt)	**göstermek**	[gøstermek]
mudar (modificar)	**değiştirmek**	[deiʃtirmek]
nadar (vi)	**yüzmek**	[juzmek]
negar-se a ...	**reddetmek**	[reddetmek]
objetar (vt)	**itiraz etmek**	[itiraz etmek]
observar (vt)	**gözlemlemek**	[gøzlemlemek]

ordenar (mil.)	**emretmek**	[emretmek]
ouvir (vt)	**duymak**	[dujmak]
pagar (vt)	**ödemek**	[ødemek]
parar (vi)	**durmak**	[durmak]
participar (vi)	**katılmak**	[katılmak]
pedir (comida)	**sipariş etmek**	[sipariʃ etmek]
pedir (um favor, etc.)	**rica etmek**	[ridʒa etmek]
pegar (tomar)	**almak**	[almak]
pensar (vt)	**düşünmek**	[dyʃynmek]
perceber (ver)	**farketmek**	[farketmek]
perdoar (vt)	**affetmek**	[afetmek]
perguntar (vt)	**sormak**	[sormak]
permitir (vt)	**izin vermek**	[izin vermek]
pertencer a …	**… ait olmak**	[ait olmak]
planear (vt)	**planlamak**	[planlamak]
poder (vi)	**yapabilmek**	[japabilmek]
possuir (vt)	**sahip olmak**	[sahip olmak]
preferir (vt)	**tercih etmek**	[terdʒih etmek]
preparar (vt)	**pişirmek**	[piʃirmek]
prever (vt)	**önceden görmek**	[øndʒeden gørmek]
prometer (vt)	**vaat etmek**	[vaat etmek]
pronunciar (vt)	**telâffuz etmek**	[telafuz etmek]
propor (vt)	**önermek**	[ønermek]
punir (castigar)	**cezalandırmak**	[dʒezalandırmak]

11. Os verbos mais importantes. Parte 4

quebrar (vt)	**kırmak**	[kırmak]
queixar-se (vr)	**şikayet etmek**	[ʃikajet etmek]
querer (desejar)	**istemek**	[istemek]
recomendar (vt)	**tavsiye etmek**	[tavsije etmek]
repetir (dizer outra vez)	**tekrar etmek**	[tekrar etmek]
repreender (vt)	**sövmek**	[søvmek]
reservar (~ um quarto)	**rezerve etmek**	[rezerve etmek]
responder (vt)	**cevap vermek**	[dʒevap vermek]
rezar, orar (vi)	**dua etmek**	[dua etmek]
rir (vi)	**gülmek**	[gylmek]
roubar (vt)	**çalmak**	[tʃalmak]
saber (vt)	**bilmek**	[bilmek]
sair (~ de casa)	**çıkmak**	[tʃıkmak]
salvar (vt)	**kurtarmak**	[kurtarmak]
seguir …	**… takip etmek**	[takip etmek]
sentar-se (vr)	**oturmak**	[oturmak]
ser necessário	**gerekmek**	[gerekmek]
ser, estar	**olmak**	[olmak]
significar (vt)	**anlamına gelmek**	[anlamına gelmek]
sorrir (vi)	**gülümsemek**	[gylymsemek]

surpreender-se (vr)	**şaşırmak**	[ʃaʃırmak]
tentar (vt)	**denemek**	[denemek]
ter (vt)	**sahip olmak**	[sahip olmak]
ter fome	**yemek istemek**	[jemek istemek]
ter medo	**korkmak**	[korkmak]
ter sede	**içmek istemek**	[itʃmek istemek]
tocar (com as mãos)	**ellemek**	[ellemek]
tomar o pequeno-almoço	**kahvaltı yapmak**	[kahvaltı japmak]
trabalhar (vi)	**çalışmak**	[tʃalıʃmak]
traduzir (vt)	**çevirmek**	[tʃevirmek]
unir (vt)	**birleştirmek**	[birleʃtirmek]
vender (vt)	**satmak**	[satmak]
ver (vt)	**görmek**	[gørmek]
virar (ex. ~ à direita)	**dönmek**	[dønmek]
voar (vi)	**uçmak**	[utʃmak]

12. Cores

cor (f)	**renk**	[renk]
matiz (m)	**renk tonu**	[renk tonu]
tom (m)	**renk tonu**	[renk tonu]
arco-íris (m)	**gökkuşağı**	[gøkkuʃaı]
branco	**beyaz**	[bejaz]
preto	**siyah**	[sijah]
cinzento	**gri**	[gri]
verde	**yeşil**	[jeʃil]
amarelo	**sarı**	[sarı]
vermelho	**kırmızı**	[kırmızı]
azul	**mavi**	[mavi]
azul claro	**açık mavi**	[atʃık mavi]
rosa	**pembe**	[pembe]
laranja	**turuncu**	[turundʒu]
violeta	**mor**	[mor]
castanho	**kahve rengi**	[kahve rengi]
dourado	**altın**	[altın]
prateado	**gümüşü**	[gymyʃy]
bege	**bej rengi**	[beʒ rengi]
creme	**krem rengi**	[krem rengi]
turquesa	**turkuaz**	[turkuaz]
vermelho cereja	**vişne rengi**	[viʃne rengi]
lilás	**leylak rengi**	[lejlak rengi]
carmesim	**koyu kırmızı**	[koju kırmızı]
claro	**açık**	[atʃık]
escuro	**koyu**	[koju]
vivo	**parlak**	[parlak]

de cor	**renkli**	[renkli]
a cores	**renkli**	[renkli]
preto e branco	**siyah-beyaz**	[sijah bejaz]
unicolor	**tek renkli**	[tek renkli]
multicor	**rengârenk**	[rengjarenk]

13. Questões

Quem?	**Kim?**	[kim]
Que?	**Ne?**	[ne]
Onde?	**Nerede?**	[nerede]
Para onde?	**Nereye?**	[nereje]
De onde?	**Nereden?**	[nereden]
Quando?	**Ne zaman?**	[ne zaman]
Para quê?	**Neden?**	[neden]
Porquê?	**Neden?**	[neden]
Para quê?	**Ne için?**	[ne itʃin]
Como?	**Nasıl?**	[nasıl]
Qual?	**Hangi?**	[hangi]
Qual? (entre dois ou mais)	**Kaçıncı?**	[katʃındʒı]
A quem?	**Kime?**	[kime]
Sobre quem?	**Kim hakkında?**	[kim hakında]
Do quê?	**Ne hakkında?**	[ne hakkında]
Com quem?	**Kimle?**	[kimle]
Quantos? -as?	**Ne kadar?**	[ne kadar]
Quanto?	**Kaç?**	[katʃ]
De quem? (masc.)	**Kimin?**	[kimin]

14. Palavras funcionais. Advérbios. Parte 1

Onde?	**Nerede?**	[nerede]
aqui	**burada**	[burada]
lá, ali	**orada**	[orada]
em algum lugar	**bir yerde**	[bir jerde]
em lugar nenhum	**hiç bir yerde**	[hitʃ birj jerde]
ao pé de …	**… yanında**	[janında]
ao pé da janela	**pencerenin yanında**	[pendʒerenin janında]
Para onde?	**Nereye?**	[nereje]
para cá	**buraya**	[buraja]
para lá	**oraya**	[oraja]
daqui	**buradan**	[buradan]
de lá, dali	**oradan**	[oradan]
perto	**yakında**	[jakında]
longe	**uzağa**	[uzaa]
perto de …	**yakında**	[jakında]

ao lado de	**yakınında**	[jakınında]
perto, não fica longe	**civarında**	[ʤivarında]
esquerdo	**sol**	[sol]
à esquerda	**solda**	[solda]
para esquerda	**sola**	[sola]
direito	**sağ**	[saa]
à direita	**sağda**	[saada]
para direita	**sağa**	[saa]
à frente	**önde**	[ønde]
da frente	**ön**	[øn]
em frente (para a frente)	**ileri**	[ileri]
atrás de ...	**arkada**	[arkada]
por detrás (vir ~)	**arkadan**	[arkadan]
para trás	**geriye**	[gerije]
meio (m), metade (f)	**orta**	[orta]
no meio	**ortasında**	[ortasında]
de lado	**kenarda**	[kenarda]
em todo lugar	**her yerde**	[her jerde]
ao redor (olhar ~)	**çevrede**	[ʧevrede]
de dentro	**içeriden**	[iʧeriden]
para algum lugar	**bir yere**	[bir jere]
diretamente	**dosdoğru**	[dosdooru]
de volta	**geri**	[geri]
de algum lugar	**bir yerden**	[bir jerden]
de um lugar	**bir yerden**	[bir jerden]
em primeiro lugar	**ilk olarak**	[ilk olarak]
em segundo lugar	**ikinci olarak**	[ikinʤi olarak]
em terceiro lugar	**üçüncü olarak**	[yʧunʤy olarak]
de repente	**birdenbire**	[birdenbire]
no início	**başlangıçta**	[baʃlangıʧta]
pela primeira vez	**ilk kez**	[ilk kez]
muito antes de ...	**çok daha önce ...**	[ʧok daa ønʤe]
de novo, novamente	**yeniden**	[jeniden]
para sempre	**sonsuza kadar**	[sonsuza kadar]
nunca	**hiçbir zaman**	[hiʧbir zaman]
de novo	**tekrar**	[tekrar]
agora	**şimdi**	[ʃimdi]
frequentemente	**sık**	[sık]
então	**o zaman**	[o zaman]
urgentemente	**acele**	[aʤele]
usualmente	**genellikle**	[genellikle]
a propósito, ...	**aklıma gelmişken, ...**	[aklıma gelmiʃken]
é possível	**mümkündür**	[mymkyndyr]
provavelmente	**muhtemelen**	[muhtemelen]

talvez	**olabilir**	[olabilir]
além disso, ...	**ayrıca ...**	[ajrıdʒa]
por isso ...	**onun için**	[onun itʃin]
apesar de ...	**rağmen ...**	[raamen]
graças a ...	**... sayesinde**	[sajesinde]
que (pron.)	**ne**	[ne]
que (conj.)	**... -ki, ... -dığı, ... -diği**	[ki], [dı:ı], [di:i]
algo	**bir şey**	[bir ʃej]
alguma coisa	**bir şey**	[bir ʃej]
nada	**hiçbir şey**	[hitʃbir ʃej]
quem	**kim**	[kim]
alguém (~ teve uma ideia ...)	**birisi**	[birisı]
alguém	**birisi**	[birisı]
ninguém	**hiç kimse**	[hitʃ kimse]
para lugar nenhum	**hiçbir yere**	[hitʃbir jere]
de ninguém	**kimsesiz**	[kimsesiz]
de alguém	**birinin**	[birinin]
tão	**öylesine**	[øjlesine]
também (gostaria ~ de ...)	**dahi, ayrıca**	[dahi], [ajrıdʒa]
também (~ eu)	**da**	[da]

15. Palavras funcionais. Advérbios. Parte 2

Porquê?	**Neden?**	[neden]
por alguma razão	**nedense**	[nedense]
porque ...	**çünkü**	[tʃynky]
por qualquer razão	**her nedense**	[her nedense]
e (tu ~ eu)	**ve**	[ve]
ou (ser ~ não ser)	**veya**	[veja]
mas (porém)	**fakat**	[fakat]
para (~ a minha mãe)	**için**	[itʃin]
demasiado, muito	**fazla**	[fazla]
só, somente	**ancak**	[andʒak]
exatamente	**tam**	[tam]
cerca de (~ 10 kg)	**yaklaşık**	[jaklaʃık]
aproximadamente	**yaklaşık olarak**	[jaklaʃık olarak]
aproximado	**yaklaşık**	[jaklaʃık]
quase	**hemen**	[hemen]
resto (m)	**geri kalan**	[geri kalan]
cada	**her biri**	[her biri]
qualquer	**herhangi biri**	[herhangi biri]
muito	**çok**	[tʃok]
muitas pessoas	**birçokları**	[birtʃokları]
todos	**hepsi, herkes**	[hepsi], [herkez]
em troca de ...	**... karşılık olarak**	[karʃılık olarak]
em troca	**yerine**	[jerine]

à mão	**elle, el ile**	[elle], [el ile]
pouco provável	**şüpheli**	[ʃypheli]
provavelmente	**galiba**	[galiba]
de propósito	**mahsus**	[mahsus]
por acidente	**tesadüfen**	[tesadyfen]
muito	**pek**	[pek]
por exemplo	**mesela**	[mesela]
entre	**arasında**	[arasında]
entre (no meio de)	**ortasında**	[ortasında]
tanto	**kadar**	[kadar]
especialmente	**özellikle**	[øzelikle]

Conceitos básicos. Parte 2

16. Opostos

rico	**zengin**	[zengin]
pobre	**fakir**	[fakir]
doente	**hasta**	[hasta]
são	**sağlıklı**	[saalıklı]
grande	**büyük**	[byjuk]
pequeno	**küçük**	[kyʧuk]
rapidamente	**çabuk**	[ʧabuk]
lentamente	**yavaş**	[javaʃ]
rápido	**hızlı**	[hızlı]
lento	**yavaş**	[javaʃ]
alegre	**neşeli**	[neʃeli]
triste	**üzgün**	[yzgyn]
juntos	**beraber**	[beraber]
separadamente	**ayrı**	[ajrı]
em voz alta (ler ~)	**sesli**	[sesli]
para si (em silêncio)	**içinden**	[iʧinden]
alto	**yüksek**	[juksek]
baixo	**alçak**	[alʧak]
profundo	**derin**	[derin]
pouco fundo	**sığ**	[sı:ı]
sim	**evet**	[evet]
não	**yok**	[jok]
distante (no espaço)	**uzak**	[uzak]
próximo	**yakın**	[jakın]
longe	**uzağa**	[uzaa]
perto	**yakında**	[jakında]
longo	**uzun**	[uzun]
curto	**kısa**	[kısa]
bom, bondoso	**iyi kalpli**	[iji kalpli]
mau	**kötü kalpli**	[køty kalpli]
casado	**evli**	[evli]

solteiro	**bekâr**	[bekjar]
proibir (vt)	**yasaklamak**	[jasaklamak]
permitir (vt)	**izin vermek**	[izin vermek]
fim (m)	**son**	[son]
começo (m)	**başlangıç**	[baʃlangıʧ]
esquerdo	**sol**	[sol]
direito	**sağ**	[saa]
primeiro	**birinci**	[birinʤi]
último	**en son**	[en son]
crime (m)	**suç**	[suʧ]
castigo (m)	**ceza**	[ʤeza]
ordenar (vt)	**emretmek**	[emretmek]
obedecer (vt)	**itaat etmek**	[itaat etmek]
reto	**düz**	[dyz]
curvo	**eğri**	[eeri]
paraíso (m)	**cennet**	[ʤennet]
inferno (m)	**cehennem**	[ʤehennem]
nascer (vi)	**doğmak**	[doomak]
morrer (vi)	**ölmek**	[ølmek]
forte	**güçlü**	[gyʧly]
fraco, débil	**zayıf**	[zajıf]
idoso	**yaşlı**	[jaʃlı]
jovem	**genç**	[genʧ]
velho	**eski**	[eski]
novo	**yeni**	[jeni]
duro	**sert**	[sert]
mole	**yumuşak**	[jumuʃak]
tépido	**sıcak**	[sıʤak]
frio	**soğuk**	[souk]
gordo	**kalın**	[kalın]
magro	**zayıf**	[zajıf]
estreito	**dar**	[dar]
largo	**geniş**	[geniʃ]
bom	**iyi**	[iji]
mau	**kötü**	[køty]
valente	**cesur**	[ʤesur]
cobarde	**korkak**	[korkak]

17. Dias da semana

segunda-feira (f)	**Pazartesi**	[pazartesi]
terça-feira (f)	**Salı**	[salı]
quarta-feira (f)	**Çarşamba**	[ʧarʃamba]
quinta-feira (f)	**Perşembe**	[perʃembe]
sexta-feira (f)	**Cuma**	[ʤuma]
sábado (m)	**Cumartesi**	[ʤumartesi]
domingo (m)	**Pazar**	[pazar]
hoje	**bugün**	[bugyn]
amanhã	**yarın**	[jarın]
depois de amanhã	**öbür gün**	[øbyr gyn]
ontem	**dün**	[dyn]
anteontem	**evvelki gün**	[evvelki gyn]
dia (m)	**gün**	[gyn]
dia (m) de trabalho	**iş günü**	[iʃ gyny]
feriado (m)	**bayram günü**	[bajram gyny]
dia (m) de folga	**tatil günü**	[tatil gyny]
fim (m) de semana	**hafta sonu**	[hafta sonu]
o dia todo	**bütün gün**	[bytyn gyn]
no dia seguinte	**ertesi gün**	[ertesi gyn]
há dois dias	**iki gün önce**	[iki gyn ønʤe]
na véspera	**bir gün önce**	[bir gyn ønʤe]
diário	**günlük**	[gynlyk]
todos os dias	**her gün**	[her gyn]
semana (f)	**hafta**	[hafta]
na semana passada	**geçen hafta**	[geʧen hafta]
na próxima semana	**gelecek hafta**	[gelʤek hafta]
semanal	**haftalık**	[haftalık]
cada semana	**her hafta**	[her hafta]
duas vezes por semana	**haftada iki kez**	[haftada iki kez]
cada terça-feira	**her Salı**	[her salı]

18. Horas. Dia e noite

manhã (f)	**sabah**	[sabah]
de manhã	**sabahleyin**	[sabahlejin]
meio-dia (m)	**öğle, gün ortası**	[ø:le], [gyn ortası]
à tarde	**öğleden sonra**	[ø:leden sonra]
noite (f)	**akşam**	[akʃam]
à noite (noitinha)	**akşamleyin**	[akʃamlejin]
noite (f)	**gece**	[geʤe]
à noite	**geceleyin**	[geʤelejin]
meia-noite (f)	**gece yarısı**	[geʤe jarısı]
segundo (m)	**saniye**	[sanije]
minuto (m)	**dakika**	[dakika]
hora (f)	**saat**	[saat]

meia hora (f)	**yarım saat**	[jarım saat]
quarto (m) de hora	**çeyrek saat**	[ʧejrek saat]
quinze minutos	**on beş dakika**	[on beʃ dakika]
vinte e quatro horas	**yirmi dört saat**	[jirmi dørt saat]
nascer (m) do sol	**güneşin doğuşu**	[gyneʃin douʃu]
amanhecer (m)	**şafak**	[ʃafak]
madrugada (f)	**sabah erken**	[sabah erken]
pôr do sol (m)	**güneş batışı**	[gyneʃ batıʃı]
de madrugada	**sabahın köründe**	[sabahın kørynde]
hoje de manhã	**bu sabah**	[bu sabah]
amanhã de manhã	**yarın sabah**	[jarın sabah]
hoje à tarde	**bu ikindi**	[bu ikindi]
à tarde	**öğleden sonra**	[ø:leden sonra]
amanhã à tarde	**yarın öğleden sonra**	[jarın ø:leden sonra]
hoje à noite	**bu akşam**	[bu akʃam]
amanhã à noite	**yarın akşam**	[jarın akʃam]
às três horas em ponto	**tam saat üçte**	[tam saat yʧte]
por volta das quatro	**saat dört civarında**	[saat dørt ʤivarında]
às doze	**saat on ikiye doğru**	[saat on ikije dooru]
dentro de vinte minutos	**yirmi dakika içinde**	[jirmi dakika iʧinde]
dentro duma hora	**bir saat sonra**	[bir saat sonra]
a tempo	**zamanında**	[zamanında]
menos um quarto	**çeyrek kala**	[ʧejrek kala]
durante uma hora	**bir saat içinde**	[bir saat iʧinde]
a cada quinze minutos	**her on beş dakika**	[her on beʃ dakika]
as vinte e quatro horas	**gece gündüz**	[geʤe gyndyz]

19. Meses. Estações

janeiro (m)	**ocak**	[odʒak]
fevereiro (m)	**şubat**	[ʃubat]
março (m)	**mart**	[mart]
abril (m)	**nisan**	[nisan]
maio (m)	**mayıs**	[majıs]
junho (m)	**haziran**	[haziran]
julho (m)	**temmuz**	[temmuz]
agosto (m)	**ağustos**	[austos]
setembro (m)	**eylül**	[ejlyl]
outubro (m)	**ekim**	[ekim]
novembro (m)	**kasım**	[kasım]
dezembro (m)	**aralık**	[aralık]
primavera (f)	**ilkbahar**	[ilkbahar]
na primavera	**ilkbaharda**	[ilkbaharda]
primaveril	**ilkbahar**	[ilkbahar]
verão (m)	**yaz**	[jaz]

no verão	**yazın**	[jazın]
de verão	**yaz**	[jaz]
outono (m)	**sonbahar**	[sonbahar]
no outono	**sonbaharda**	[sonbaharda]
outonal	**sonbahar**	[sonbahar]
inverno (m)	**kış**	[kıʃ]
no inverno	**kışın**	[kıʃın]
de inverno	**kış, kışlık**	[kıʃ], [kıʃlık]
mês (m)	**ay**	[aj]
este mês	**bu ay**	[bu aj]
no próximo mês	**gelecek ay**	[geledʒek aj]
no mês passado	**geçen ay**	[getʃen aj]
há um mês	**bir ay önce**	[bir aj øndʒe]
dentro de um mês	**bir ay sonra**	[bir aj sonra]
dentro de dois meses	**iki ay sonra**	[iki aj sonra]
todo o mês	**tüm ay**	[tym aj]
um mês inteiro	**bütün ay**	[bytyn aj]
mensal	**aylık**	[ajlık]
mensalmente	**her ay**	[her aj]
cada mês	**her ay**	[her aj]
duas vezes por mês	**ayda iki kez**	[ajda iki kez]
ano (m)	**yıl, sene**	[jıl], [sene]
este ano	**bu sene, bu yıl**	[bu sene], [bu jıl]
no próximo ano	**gelecek sene**	[geledʒek sene]
no ano passado	**geçen sene**	[getʃen sene]
há um ano	**bir yıl önce**	[bir jıl øndʒe]
dentro dum ano	**bir yıl sonra**	[bir jıl sonra]
dentro de 2 anos	**iki yıl sonra**	[iki jıl sonra]
todo o ano	**tüm yıl**	[tym jıl]
um ano inteiro	**bütün yıl**	[bytyn jıl]
cada ano	**her sene**	[her sene]
anual	**yıllık**	[jıllık]
anualmente	**her yıl**	[her jıl]
quatro vezes por ano	**yılda dört kere**	[jılda dørt kere]
data (~ de hoje)	**tarih**	[tarih]
data (ex. ~ de nascimento)	**tarih**	[tarih]
calendário (m)	**takvim**	[takvim]
meio ano	**yarım yıl**	[jarım jıl]
seis meses	**altı ay**	[altı aj]
estação (f)	**mevsim**	[mevsim]
século (m)	**yüzyıl**	[juzjıl]

20. Tempo. Diversos

tempo (m)	**zaman, vakit**	[zaman], [vakit]
momento (m)	**an, ani**	[an], [ani]

instante (m)	**an**	[an]
instantâneo	**ani**	[ani]
lapso (m) de tempo	**süre**	[syre]
vida (f)	**hayat**	[hajat]
eternidade (f)	**ebedilik**	[ebedilik]
época (f)	**devir, çağ**	[devir], [ʧaa]
era (f)	**çağ**	[ʧaa]
ciclo (m)	**devir**	[devir]
período (m)	**süre**	[syre]
prazo (m)	**süre**	[syre]
futuro (m)	**gelecek**	[geledʒek]
futuro	**gelecek**	[geledʒek]
da próxima vez	**gelecek sefer**	[geledʒek sefer]
passado (m)	**geçmiş**	[geʧmiʃ]
passado	**geçen**	[geʧen]
na vez passada	**geçen sefer**	[geʧen sefer]
mais tarde	**sonradan**	[sonradan]
depois	**sonra**	[sonra]
atualmente	**bu günlerde**	[bu gynlerde]
agora	**şimdi**	[ʃimdi]
imediatamente	**hemen**	[hemen]
em breve, brevemente	**yakında**	[jakında]
de antemão	**önceden**	[øndʒeden]
há muito tempo	**çoktan**	[ʧoktan]
há pouco tempo	**geçenlerde**	[geʧenlerde]
destino (m)	**kader**	[kader]
recordações (f pl)	**anılar**	[anılar]
arquivo (m)	**arşiv**	[arʃiv]
durante ...	**... esnasında**	[esnasında]
durante muito tempo	**uzun zaman**	[uzun zaman]
pouco tempo	**kısa bir zaman**	[kısa bir zaman]
cedo (levantar-se ~)	**erken**	[erken]
tarde (deitar-se ~)	**geç**	[geʧ]
para sempre	**ebediyen**	[ebedijen]
começar (vt)	**başlamak**	[baʃlamak]
adiar (vt)	**ertelemek**	[ertelemek]
simultaneamente	**aynı zamanda**	[ajnı zamanda]
permanentemente	**sürekli olarak**	[syrekli olarak]
constante (ruído, etc.)	**sürekli**	[syrekli]
temporário	**geçici**	[geʧidʒi]
às vezes	**bazen**	[bazen]
raramente	**nadiren**	[nadiren]
frequentemente	**sık**	[sık]

21. Linhas e formas

quadrado (m)	**kare**	[kare]
quadrado	**kare**	[kare]

círculo (m)	**daire**	[daire]
redondo	**yuvarlak**	[juvarlak]
triângulo (m)	**üçgen**	[ytʃgen]
triangular	**üç köşeli**	[ytʃ køʃeli]
oval (f)	**oval**	[oval]
oval	**oval**	[oval]
retângulo (m)	**dikdörtgen**	[dikdørtgen]
retangular	**dikdörtgen**	[dikdørtgen]
pirâmide (f)	**piramit**	[piramit]
rombo, losango (m)	**eşkenar dörtgen**	[eʃkenar dørtgen]
trapézio (m)	**yamuk**	[jamuk]
cubo (m)	**küp**	[kyp]
prisma (m)	**prizma**	[prizma]
circunferência (f)	**çember**	[tʃember]
esfera (f)	**küre**	[kyre]
globo (m)	**küre**	[kyre]
diâmetro (m)	**çap**	[tʃap]
raio (m)	**yarıçap**	[jarıtʃap]
perímetro (m)	**perimetre**	[perimetre]
centro (m)	**merkez**	[merkez]
horizontal	**yatay**	[jataj]
vertical	**dikey**	[dikej]
paralela (f)	**paralel**	[paralel]
paralelo	**paralel**	[paralel]
linha (f)	**çizgi**	[tʃizgi]
traço (m)	**hat**	[hat]
reta (f)	**doğru**	[dooru]
curva (f)	**eğri**	[eeri]
fino (linha ~a)	**ince**	[indʒe]
contorno (m)	**çevre çizgisi**	[tʃevre tʃizgisi]
interseção (f)	**kesişme**	[kesiʃme]
ângulo (m) reto	**dik açı**	[dik atʃı]
segmento (m)	**daire parçası**	[daire partʃası]
setor (m)	**daire dilimi**	[daire dilimi]
lado (de um triângulo, etc.)	**kenar**	[kenar]
ângulo (m)	**açı**	[atʃı]

22. Unidades de medida

peso (m)	**ağırlık**	[aırlık]
comprimento (m)	**uzunluk**	[uzunluk]
largura (f)	**en, genişlik**	[en], [geniʃlik]
altura (f)	**yükseklik**	[jukseklik]
profundidade (f)	**derinlik**	[derinlik]
volume (m)	**hacim**	[hadʒim]
área (f)	**alan**	[alan]
grama (m)	**gram**	[gram]
miligrama (m)	**miligram**	[miligram]

quilograma (m)	**kilogram**	[kilogram]
tonelada (f)	**ton**	[ton]
libra (453,6 gramas)	**libre**	[libre]
onça (f)	**ons**	[ons]
metro (m)	**metre**	[metre]
milímetro (m)	**milimetre**	[milimetre]
centímetro (m)	**santimetre**	[santimetre]
quilómetro (m)	**kilometre**	[kilometre]
milha (f)	**mil**	[mil]
polegada (f)	**inç**	[intʃ]
pé (304,74 mm)	**kadem**	[kadem]
jarda (914,383 mm)	**yarda**	[jarda]
metro (m) quadrado	**metre kare**	[metre kare]
hectare (m)	**hektar**	[hektar]
litro (m)	**litre**	[litre]
grau (m)	**derece**	[deredʒe]
volt (m)	**volt**	[volt]
ampere (m)	**amper**	[amper]
cavalo-vapor (m)	**beygir gücü**	[bejgir gydʒy]
quantidade (f)	**miktar**	[miktar]
um pouco de ...	**biraz ...**	[biraz]
metade (f)	**yarım**	[jarım]
dúzia (f)	**düzine**	[dyzine]
peça (f)	**adet, tane**	[adet], [tane]
dimensão (f)	**boyut**	[bojut]
escala (f)	**ölçek**	[øltʃek]
mínimo	**minimum**	[minimum]
menor, mais pequeno	**en küçük**	[en kytʃuk]
médio	**orta**	[orta]
máximo	**maksimum**	[maksimum]
maior, mais grande	**en büyük**	[en byjuk]

23. Recipientes

boião (m) de vidro	**kavanoz**	[kavanoz]
lata (~ de cerveja)	**teneke**	[teneke]
balde (m)	**kova**	[kova]
barril (m)	**fıçı, varil**	[fıtʃı], [varil]
bacia (~ de plástico)	**leğen**	[leen]
tanque (m)	**tank**	[tank]
cantil (m) de bolso	**matara**	[matara]
bidão (m) de gasolina	**benzin bidonu**	[benzin bidonu]
cisterna (f)	**sarnıç**	[sarnıtʃ]
caneca (f)	**kupa**	[kupa]
chávena (f)	**fincan**	[findʒan]

pires (m)	**fincan tabağı**	[finʤan tabaı]
copo (m)	**bardak**	[bardak]
taça (f) de vinho	**kadeh**	[kade]
panela, caçarola (f)	**tencere**	[tenʤere]
garrafa (f)	**şişe**	[ʃiʃe]
gargalo (m)	**boğaz**	[boaz]
jarro, garrafa (f)	**sürahi**	[syrahi]
jarro (m) de barro	**testi**	[testi]
recipiente (m)	**kap**	[kap]
pote (m)	**çömlek**	[ʧømlek]
vaso (m)	**vazo**	[vazo]
frasco (~ de perfume)	**şişe**	[ʃiʃe]
frasquinho (ex. ~ de iodo)	**küçük şişe**	[kyʧuk ʃiʃe]
tubo (~ de pasta dentífrica)	**tüp**	[typ]
saca (ex. ~ de açúcar)	**poşet, torba**	[poʃet], [torba]
saco (~ de plástico)	**çuval**	[ʧuval]
maço (m)	**paket**	[paket]
caixa (~ de sapatos, etc.)	**kutu**	[kutu]
caixa (~ de madeira)	**sandık**	[sandık]
cesta (f)	**sepet**	[sepet]

24. Materiais

material (m)	**malzeme**	[malzeme]
madeira (f)	**ağaç**	[aaʧ]
de madeira	**ahşap**	[ahʃap]
vidro (m)	**cam**	[ʤam]
de vidro	**cam**	[ʤam]
pedra (f)	**taş**	[taʃ]
de pedra	**taş**	[taʃ]
plástico (m)	**plastik**	[plastik]
de plástico	**plastik**	[plastik]
borracha (f)	**lastik**	[lastik]
de borracha	**lastik**	[lastik]
tecido, pano (m)	**kumaş**	[kumaʃ]
de tecido	**kumaştan**	[kumaʃtan]
papel (m)	**kağıt**	[kaıt]
de papel	**kağıt**	[kaıt]
cartão (m)	**karton**	[karton]
de cartão	**karton**	[karton]
polietileno (m)	**polietilen**	[polietilen]
celofane (m)	**selofan**	[selofan]

contraplacado (m)	**kontrplak**	[kontraplak]
porcelana (f)	**porselen**	[porselen]
de porcelana	**porselen**	[porselen]
barro (f)	**kil**	[kil]
de barro	**balçık, kil**	[baltʃık], [kil]
cerâmica (f)	**seramik**	[seramik]
de cerâmica	**seramik**	[seramik]

25. Metais

metal (m)	**maden**	[maden]
metálico	**madeni, metal**	[madeni], [metal]
liga (f)	**alaşım**	[alaʃım]
ouro (m)	**altın**	[altın]
de ouro	**altın**	[altın]
prata (f)	**gümüş**	[gymyʃ]
de prata	**gümüş**	[gymyʃ]
ferro (m)	**demir**	[demir]
de ferro	**demir**	[demir]
aço (m)	**çelik**	[tʃelik]
de aço	**çelik**	[tʃelik]
cobre (m)	**bakır**	[bakır]
de cobre	**bakır**	[bakır]
alumínio (m)	**alüminyum**	[alyminjum]
de alumínio	**alüminyum**	[alyminjum]
bronze (m)	**bronz**	[bronz]
de bronze	**bronz**	[bronz]
latão (m)	**pirinç**	[pirintʃ]
níquel (m)	**nikel**	[nikel]
platina (f)	**platin**	[platin]
mercúrio (m)	**cıva**	[dʒıva]
estanho (m)	**kalay**	[kalaj]
chumbo (m)	**kurşun**	[kurʃun]
zinco (m)	**çinko**	[tʃinko]

O SER HUMANO

O ser humano. O corpo

26. Humanos. Conceitos básicos

ser (m) humano	**insan**	[insan]
homem (m)	**erkek**	[erkek]
mulher (f)	**kadın**	[kadın]
criança (f)	**çocuk**	[ʧodʒuk]
menina (f)	**kız**	[kız]
menino (m)	**erkek çocuk**	[erkek ʧodʒuk]
adolescente (m)	**ergen**	[ergen]
velho (m)	**ihtiyar**	[ihtijar]
velha, anciã (f)	**yaşlı kadın**	[jaʃlı kadın]

27. Anatomia humana

organismo (m)	**organizma**	[organizma]
coração (m)	**kalp**	[kalp]
sangue (m)	**kan**	[kan]
artéria (f)	**atardamar**	[atardamar]
veia (f)	**toplardamar**	[toplardamar]
cérebro (m)	**beyin**	[bejin]
nervo (m)	**sinir**	[sinir]
nervos (m pl)	**sinirler**	[sinirler]
vértebra (f)	**omur**	[omur]
coluna (f) vertebral	**omurga**	[omurga]
estômago (m)	**mide**	[mide]
intestinos (m pl)	**bağırsaklar**	[baırsaklar]
intestino (m)	**bağırsak**	[baırsak]
fígado (m)	**karaciğer**	[karadʒier]
rim (m)	**böbrek**	[bøbrek]
osso (m)	**kemik**	[kemik]
esqueleto (m)	**iskelet**	[iskelet]
costela (f)	**kaburga**	[kaburga]
crânio (m)	**kafatası**	[kafatası]
músculo (m)	**kas**	[kas]
bíceps (m)	**pazı**	[pazı]
tríceps (m)	**kol kası**	[kol kası]
tendão (m)	**kiriş**	[kiriʃ]
articulação (f)	**eklem**	[eklem]

pulmões (m pl)	**akciğer**	[akdʒier]
órgãos (m pl) genitais	**cinsel organlar**	[dʒinsel organlar]
pele (f)	**cilt**	[dʒilt]

28. Cabeça

cabeça (f)	**baş**	[baʃ]
cara (f)	**yüz**	[juz]
nariz (m)	**burun**	[burun]
boca (f)	**ağız**	[aız]
olho (m)	**göz**	[gøz]
olhos (m pl)	**gözler**	[gøzler]
pupila (f)	**göz bebeği**	[gøz bebeı]
sobrancelha (f)	**kaş**	[kaʃ]
pestana (f)	**kirpik**	[kirpik]
pálpebra (f)	**göz kapağı**	[gøz kapaı]
língua (f)	**dil**	[dil]
dente (m)	**diş**	[diʃ]
lábios (m pl)	**dudaklar**	[dudaklar]
maçãs (f pl) do rosto	**elmacık kemiği**	[elmadʒık kemi:i]
gengiva (f)	**dişeti**	[diʃeti]
palato (m)	**damak**	[damak]
narinas (f pl)	**burun deliği**	[burun deli:i]
queixo (m)	**çene**	[ʧene]
mandíbula (f)	**çene**	[ʧene]
bochecha (f)	**yanak**	[janak]
testa (f)	**alın**	[alın]
têmpora (f)	**şakak**	[ʃakak]
orelha (f)	**kulak**	[kulak]
nuca (f)	**ense**	[ense]
pescoço (m)	**boyun**	[bojun]
garganta (f)	**boğaz**	[boaz]
cabelos (m pl)	**saçlar**	[saʧlar]
penteado (m)	**saç**	[saʧ]
corte (m) de cabelo	**saç biçimi**	[saʧ biʧimi]
peruca (f)	**peruk**	[peryk]
bigode (m)	**bıyık**	[bıjık]
barba (f)	**sakal**	[sakal]
usar, ter (~ barba, etc.)	**uzatmak, bırakmak**	[uzatmak], [bırakmak]
trança (f)	**saç örgüsü**	[saʧ ørgysy]
suíças (f pl)	**favori**	[favori]
ruivo	**kızıl saçlı**	[kızıl saʧlı]
grisalho	**kır**	[kır]
calvo	**kel**	[kel]
calva (f)	**dazlak yer**	[dazlak jer]
rabo-de-cavalo (m)	**kuyruk**	[kujruk]
franja (f)	**kakül**	[kakyl]

29. Corpo humano

mão (f)	**el**	[el]
braço (m)	**kol**	[kol]
dedo (m)	**parmak**	[parmak]
dedo (m) do pé	**ayak parmağı**	[ajak parmaı]
polegar (m)	**başparmak**	[baʃ parmak]
dedo (m) mindinho	**küçük parmak**	[kyʧuk parmak]
unha (f)	**tırnak**	[tırnak]
punho (m)	**yumruk**	[jumruk]
palma (f) da mão	**avuç**	[avuʧ]
pulso (m)	**bilek**	[bilek]
antebraço (m)	**önkol**	[ønkol]
cotovelo (m)	**dirsek**	[dirsek]
ombro (m)	**omuz**	[omuz]
perna (f)	**bacak**	[badʒak]
pé (m)	**ayak**	[ajak]
joelho (m)	**diz**	[diz]
barriga (f) da perna	**baldır**	[baldır]
anca (f)	**kalça**	[kalʧa]
calcanhar (m)	**topuk**	[topuk]
corpo (m)	**vücut**	[vydʒut]
barriga (f)	**karın**	[karın]
peito (m)	**göğüs**	[gøjus]
seio (m)	**göğüs**	[gøjus]
lado (m)	**yan**	[jan]
costas (f pl)	**sırt**	[sırt]
região (f) lombar	**alt bel**	[alt bel]
cintura (f)	**bel**	[bel]
umbigo (m)	**göbek**	[gøbek]
nádegas (f pl)	**kaba et**	[kaba et]
traseiro (m)	**kıç**	[kıʧ]
sinal (m)	**ben**	[ben]
sinal (m) de nascença	**doğum lekesi**	[doum lekesi]
tatuagem (f)	**dövme**	[døvme]
cicatriz (f)	**yara izi**	[jara izi]

Vestuário & Acessórios

30. Roupa exterior. Casacos

roupa (f)	**elbise, kıyafet**	[elbise], [kıjafet]
roupa (f) exterior	**üst kıyafet**	[yst kıjafet]
roupa (f) de inverno	**kışlık kıyafet**	[kıʃlık kıjafet]
sobretudo (m)	**palto**	[palto]
casaco (m) de peles	**kürk manto**	[kyrk manto]
casaco curto (m) de peles	**kürk ceket**	[kyrk ʤeket]
casaco (m) acolchoado	**ceket aşağı**	[ʤeket aʃaı]
casaco, blusão (m)	**ceket**	[ʤeket]
impermeável (m)	**trençkot**	[trentʃkot]
impermeável	**su geçirmez**	[su getʃirmez]

31. Vestuário de homem & mulher

camisa (f)	**gömlek**	[gømlek]
calças (f pl)	**pantolon**	[pantolon]
calças (f pl) de ganga	**kot pantolon**	[kot pantolon]
casaco (m) de fato	**ceket**	[ʤeket]
fato (m)	**takım elbise**	[takım elbise]
vestido (ex. ~ vermelho)	**elbise, kıyafet**	[elbise], [kıjafet]
saia (f)	**etek**	[etek]
blusa (f)	**gömlek, bluz**	[gømlek], [bluz]
casaco (m) de malha	**hırka**	[hırka]
casaco, blazer (m)	**ceket**	[ʤeket]
T-shirt, camiseta (f)	**tişört**	[tiʃørt]
calções (Bermudas, etc.)	**şort**	[ʃort]
fato (m) de treino	**eşofman**	[eʃofman]
roupão (m) de banho	**bornoz**	[bornoz]
pijama (m)	**pijama**	[piʒama]
suéter (m)	**süveter**	[syveter]
pulôver (m)	**pulover**	[pulover]
colete (m)	**yelek**	[jelek]
fraque (m)	**frak**	[frak]
smoking (m)	**smokin**	[smokin]
uniforme (m)	**üniforma**	[yniforma]
roupa (f) de trabalho	**iş elbisesi**	[iʃ elbisesi]
fato-macaco (m)	**tulum**	[tulum]
bata (~ branca, etc.)	**önlük**	[ønlyk]

32. Vestuário. Roupa interior

roupa (f) interior	**iç çamaşırı**	[itʃ tʃamaʃırı]
cuecas boxer (f pl)	**şort külot**	[ʃort kylot]
cuecas (f pl)	**bayan külot**	[bajan kylot]
camisola (f) interior	**atlet**	[atlet]
peúgas (f pl)	**kısa çorap**	[kısa tʃorap]
camisa (f) de noite	**gecelik**	[gedʒelik]
sutiã (m)	**sutyen**	[sutjen]
meias longas (f pl)	**diz hizası çorap**	[diz hizası tʃorap]
meia-calça (f)	**külotlu çorap**	[kyløtly tʃorap]
meias (f pl)	**çorap**	[tʃorap]
fato (m) de banho	**mayo**	[majo]

33. Adereços de cabeça

chapéu (m)	**şapka**	[ʃapka]
chapéu (m) de feltro	**fötr şapka**	[føtr ʃapka]
boné (m) de beisebol	**beyzbol şapkası**	[bejzbol ʃapkası]
boné (m)	**kasket**	[kasket]
boina (f)	**bere**	[bere]
capuz (m)	**kapüşon**	[kapyʃon]
panamá (m)	**panama**	[panama]
gorro (m) de malha	**örgü şapka**	[ørgy ʃapka]
lenço (m)	**başörtüsü**	[baʃ ørtysy]
chapéu (m) de mulher	**kadın şapkası**	[kadın ʃapkası]
capacete (m) de proteção	**baret, kask**	[baret], [kask]
bibico (m)	**kayık kep**	[kajık kep]
capacete (m)	**kask**	[kask]
chapéu-coco (m)	**melon şapka**	[melon ʃapka]
chapéu (m) alto	**silindir şapka**	[silindir ʃapka]

34. Calçado

calçado (m)	**ayakkabı**	[ajakkabı]
botinas (f pl)	**potinler**	[potinler]
sapatos (de salto alto, etc.)	**ayakkabılar**	[ajakkabılar]
botas (f pl)	**çizmeler**	[tʃizmeler]
pantufas (f pl)	**terlik**	[terlik]
ténis (m pl)	**tenis ayakkabısı**	[tenis ajakkabısı]
sapatilhas (f pl)	**spor ayakkabısı**	[spor ajakkabısı]
sandálias (f pl)	**sandalet**	[sandalet]
sapateiro (m)	**ayakkabıcı**	[ajakkabıdʒı]
salto (m)	**topuk**	[topuk]

par (m)	**bir çift ayakkabı**	[bir tʃift ajakkabı]
atacador (m)	**bağ**	[baa]
apertar os atacadores	**bağlamak**	[baalamak]
calçadeira (f)	**kaşık**	[kaʃık]
graxa (f) para calçado	**ayakkabı boyası**	[ajakkabı bojası]

35. Têxtil. Tecidos

algodão (m)	**pamuk**	[pamuk]
de algodão	**pamuklu**	[pamuklu]
linho (m)	**keten**	[keten]
de linho	**ketenden**	[ketenden]
seda (f)	**ipek**	[ipek]
de seda	**ipekli**	[ipekli]
lã (f)	**yün**	[jun]
de lã	**yünlü**	[junly]
veludo (m)	**kadife**	[kadife]
camurça (f)	**süet**	[syet]
bombazina (f)	**fitilli kadife kumaş**	[fitilli kadife kumaʃ]
náilon (m)	**naylon**	[najlon]
de náilon	**naylondan**	[najlondan]
poliéster (m)	**polyester**	[poljester]
de poliéster	**polyester**	[poljester]
couro (m)	**deri**	[deri]
de couro	**deri, deriden yapılmış**	[deri], [deriden japılmıʃ]
pele (f)	**kürk**	[kyrk]
de peles, de pele	**kürk**	[kyrk]

36. Acessórios pessoais

luvas (f pl)	**eldiven**	[eldiven]
mitenes (f pl)	**tek parmaklı eldiven**	[tek parmaklı eldiven]
cachecol (m)	**atkı**	[atkı]
óculos (m pl)	**gözlük**	[gøzlyk]
armação (f) de óculos	**çerçeve**	[tʃertʃeve]
guarda-chuva (m)	**şemsiye**	[ʃemsije]
bengala (f)	**baston**	[baston]
escova (f) para o cabelo	**saç fırçası**	[satʃ firtʃası]
leque (m)	**yelpaze**	[jelpaze]
gravata (f)	**kravat**	[kravat]
gravata-borboleta (f)	**papyon**	[papjon]
suspensórios (m pl)	**pantolon askısı**	[pantolon askısı]
lenço (m)	**mendil**	[mendil]
pente (m)	**tarak**	[tarak]
travessão (m)	**toka**	[toka]

gancho (m) de cabelo	**firkete**	[firkete]
fivela (f)	**kemer tokası**	[kemer tokası]
cinto (m)	**kemer**	[kemer]
correia (f)	**kayış**	[kajıʃ]
mala (f)	**çanta**	[ʧanta]
mala (f) de senhora	**bayan çantası**	[bajan ʧantası]
mochila (f)	**arka çantası**	[arka ʧantası]

37. Vestuário. Diversos

moda (f)	**moda**	[moda]
na moda	**modaya uygun**	[modaja ujgun]
estilista (m)	**modelci**	[modelʤi]
colarinho (m), gola (f)	**yaka**	[jaka]
bolso (m)	**cep**	[ʤep]
de bolso	**cep**	[ʤep]
manga (f)	**kol**	[kol]
alcinha (f)	**askı**	[askı]
braguilha (f)	**pantolon fermuarı**	[pantolon fermuarı]
fecho (m) de correr	**fermuar**	[fermuar]
fecho (m), colchete (m)	**kopça**	[kopʧa]
botão (m)	**düğme**	[dyjme]
casa (f) de botão	**düğme iliği**	[dyjme ili:i]
soltar-se (vr)	**kopmak**	[kopmak]
coser, costurar (vi)	**dikmek**	[dikmek]
bordar (vt)	**nakış işlemek**	[nakıʃ iʃlemek]
bordado (m)	**nakış**	[nakıʃ]
agulha (f)	**iğne**	[i:ine]
fio (m)	**iplik**	[iplik]
costura (f)	**dikiş**	[dikiʃ]
sujar-se (vr)	**kirlenmek**	[kirlenmek]
mancha (f)	**leke**	[leke]
engelhar-se (vr)	**buruşmak**	[buruʃmak]
rasgar (vt)	**yırtmak**	[jırtmak]
traça (f)	**güve**	[gyve]

38. Cuidados pessoais. Cosméticos

pasta (f) de dentes	**diş macunu**	[diʃ maʤunu]
escova (f) de dentes	**diş fırçası**	[diʃ fırʧası]
escovar os dentes	**dişlerini fırçalamak**	[diʃlerini fırʧalamak]
máquina (f) de barbear	**jilet**	[ʒilet]
creme (m) de barbear	**tıraş kremi**	[tıraʃ kremi]
barbear-se (vr)	**tıraş olmak**	[tıraʃ olmak]
sabonete (m)	**sabun**	[sabun]

champô (m)	**şampuan**	[ʃampuan]
tesoura (f)	**makas**	[makas]
lima (f) de unhas	**tırnak törpüsü**	[tırnak tørpysy]
corta-unhas (m)	**tırnak makası**	[tırnak makası]
pinça (f)	**cımbız**	[ʤımbız]
cosméticos (m pl)	**kozmetik**	[kozmetik]
máscara (f) facial	**yüz maskesi**	[juz maskesi]
manicura (f)	**manikür**	[manikyr]
fazer a manicura	**manikür yapmak**	[manikyr japmak]
pedicure (f)	**pedikür**	[pedikyr]
mala (f) de maquilhagem	**makyaj çantası**	[makjaʒ ʧantası]
pó (m)	**pudra**	[pudra]
caixa (f) de pó	**pudralık**	[pudralık]
blush (m)	**allık**	[allık]
perfume (m)	**parfüm**	[parfym]
água (f) de toilette	**parfüm suyu**	[parfym suju]
loção (f)	**losyon**	[losjon]
água-de-colónia (f)	**kolonya**	[kolonja]
sombra (f) de olhos	**far**	[far]
lápis (m) delineador	**göz kalemi**	[gøz kalemi]
máscara (f), rímel (m)	**rimel**	[rimel]
batom (m)	**ruj**	[ruʒ]
verniz (m) de unhas	**oje**	[oʒe]
laca (f) para cabelos	**saç spreyi**	[saʧ spreji]
desodorizante (m)	**deodorant**	[deodorant]
creme (m)	**krem**	[krem]
creme (m) de rosto	**yüz kremi**	[juz kremi]
creme (m) de mãos	**el kremi**	[el kremi]
creme (m) antirrugas	**kırışıklık giderici krem**	[kırıʃıklık gideriʤi krem]
creme (m) de dia	**gündüz kremi**	[gyndyz krem]
creme (m) de noite	**gece kremi**	[geʤe kremi]
de dia	**gündüz**	[gyndyz]
da noite	**gece**	[geʤe]
tampão (m)	**tampon**	[tampon]
papel (m) higiénico	**tuvalet kağıdı**	[tuvalet kaıdı]
secador (m) elétrico	**saç kurutma makinesi**	[saʧ kurutma makinesi]

39. Joalheria

joias (f pl)	**mücevher**	[myʤevher]
precioso	**değerli**	[deerli]
marca (f) de contraste	**ayar damgası**	[ajar damgası]
anel (m)	**yüzük**	[juzyk]
aliança (f)	**nişan yüzüğü**	[niʃan juzyy]
pulseira (f)	**bilezik**	[bilezik]
brincos (m pl)	**küpeler**	[kypeler]

colar (m)	**gerdanlık**	[gerdanlık]
coroa (f)	**taç**	[tatʃ]
colar (m) de contas	**boncuk kolye**	[bondʒuk kolje]
diamante (m)	**pırlanta**	[pırlanta]
esmeralda (f)	**zümrüt**	[zymryt]
rubi (m)	**yakut**	[jakut]
safira (f)	**safir**	[safir]
pérola (f)	**inci**	[indʒi]
âmbar (m)	**kehribar**	[kehribar]

40. Relógios de pulso. Relógios

relógio (m) de pulso	**el saati**	[el saati]
mostrador (m)	**kadran**	[kadran]
ponteiro (m)	**akrep, yelkovan**	[akrep], [jelkovan]
bracelete (f) em aço	**metal kordon**	[metal kordon]
bracelete (f) em couro	**kayış**	[kajıʃ]
pilha (f)	**pil**	[pil]
descarregar-se	**bitmek**	[bitmek]
trocar a pilha	**pil değiştirmek**	[pil deiʃtirmek]
estar adiantado	**ileri gitmek**	[ileri gitmek]
estar atrasado	**geride kalmak**	[geride kalmak]
relógio (m) de parede	**duvar saati**	[duvar saati]
ampulheta (f)	**kum saati**	[kum saati]
relógio (m) de sol	**güneş saati**	[gyneʃ saati]
despertador (m)	**çalar saat**	[tʃalar saat]
relojoeiro (m)	**saatçi**	[saatʃi]
reparar (vt)	**tamir etmek**	[tamir etmek]

Alimentação. Nutrição

41. Comida

carne (f)	**et**	[et]
galinha (f)	**tavuk eti**	[tavuk eti]
frango (m)	**civciv**	[ʤiv ʤiv]
pato (m)	**ördek**	[ørdek]
ganso (m)	**kaz**	[kaz]
caça (f)	**av hayvanları**	[av hajvanları]
peru (m)	**hindi**	[hindi]
carne (f) de porco	**domuz eti**	[domuz eti]
carne (f) de vitela	**dana eti**	[dana eti]
carne (f) de carneiro	**koyun eti**	[kojun eti]
carne (f) de vaca	**sığır eti**	[sıːır eti]
carne (f) de coelho	**tavşan eti**	[tavʃan eti]
chouriço, salsichão (m)	**sucuk, sosis**	[suʤuk], [sosis]
salsicha (f)	**sosis**	[sosis]
bacon (m)	**domuz pastırması**	[domuz pastırması]
fiambre (f)	**jambon**	[ʒambon]
presunto (m)	**tütsülenmiş jambon**	[tytsylenmiʃ ʒambon]
patê (m)	**ezme**	[ezme]
fígado (m)	**karaciğer**	[karaʤier]
carne (f) moída	**kıyma**	[kıjma]
língua (f)	**dil**	[dil]
ovo (m)	**yumurta**	[jumurta]
ovos (m pl)	**yumurtalar**	[jumurtalar]
clara (f) do ovo	**yumurta akı**	[jumurta akı]
gema (f) do ovo	**yumurta sarısı**	[jumurta sarısı]
peixe (m)	**balık**	[balık]
mariscos (m pl)	**deniz ürünleri**	[deniz yrynleri]
caviar (m)	**havyar**	[havjar]
caranguejo (m)	**yengeç**	[jengeʧ]
camarão (m)	**karides**	[karides]
ostra (f)	**istiridye**	[istiridje]
lagosta (f)	**langust**	[langust]
polvo (m)	**ahtapot**	[ahtapot]
lula (f)	**kalamar**	[kalamar]
esturjão (m)	**mersin balığı**	[mersin balıːı]
salmão (m)	**som balığı**	[som balıːı]
halibute (m)	**pisi balığı**	[pisi balıːı]
bacalhau (m)	**morina balığı**	[morina balıːı]
cavala, sarda (f)	**uskumru**	[uskumru]

atum (m)	**ton balığı**	[ton balı:ı]
enguia (f)	**yılan balığı**	[jılan balı:ı]
truta (f)	**alabalık**	[alabalık]
sardinha (f)	**sardalye**	[sardalje]
lúcio (m)	**turna balığı**	[turna balı:ı]
arenque (m)	**ringa**	[ringa]
pão (m)	**ekmek**	[ekmek]
queijo (m)	**peynir**	[pejnir]
açúcar (m)	**şeker**	[ʃeker]
sal (m)	**tuz**	[tuz]
arroz (m)	**pirinç**	[pirintʃ]
massas (f pl)	**makarna**	[makarna]
talharim (m)	**erişte**	[eriʃte]
manteiga (f)	**tereyağı**	[terejaı]
óleo (m) vegetal	**bitkisel yağ**	[bitkisel jaa]
óleo (m) de girassol	**ayçiçeği yağı**	[ajtʃitʃeı jaı]
margarina (f)	**margarin**	[margarin]
azeitonas (f pl)	**zeytin**	[zejtin]
azeite (m)	**zeytin yağı**	[zejtin jaı]
leite (m)	**süt**	[syt]
leite (m) condensado	**yoğunlaştırılmış süt**	[jounlaʃtırılmıʃ syt]
iogurte (m)	**yoğurt**	[jourt]
nata (f) azeda	**ekşi krema**	[ekʃi krema]
nata (f) do leite	**süt kaymağı**	[syt kajmaı]
maionese (f)	**mayonez**	[majonez]
creme (m)	**krema**	[krema]
grãos (m pl) de cereais	**tane**	[tane]
farinha (f)	**un**	[un]
enlatados (m pl)	**konserve**	[konserve]
flocos (m pl) de milho	**mısır gevreği**	[mısır gevrei]
mel (m)	**bal**	[bal]
doce (m)	**reçel, marmelat**	[retʃel], [marmelat]
pastilha (f) elástica	**sakız, çiklet**	[sakız], [tʃiklet]

42. Bebidas

água (f)	**su**	[su]
água (f) potável	**içme suyu**	[itʃme suju]
água (f) mineral	**maden suyu**	[maden suju]
sem gás	**gazsız**	[gazsız]
gaseificada	**gazlı**	[gazlı]
com gás	**maden**	[maden]
gelo (m)	**buz**	[buz]
com gelo	**buzlu**	[buzlu]

sem álcool	**alkolsüz**	[alkolsyz]
bebida (f) sem álcool	**alkolsüz içki**	[alkolsyz itʃki]
refresco (m)	**soğuk meşrubat**	[souk meʃrubat]
limonada (f)	**limonata**	[limonata]
bebidas (f pl) alcoólicas	**alkollü içkiler**	[alkolly itʃkiler]
vinho (m)	**şarap**	[ʃarap]
vinho (m) branco	**beyaz şarap**	[bejaz ʃarap]
vinho (m) tinto	**kırmızı şarap**	[kırmızı ʃarap]
licor (m)	**likör**	[likør]
champanhe (m)	**şampanya**	[ʃampanja]
vermute (m)	**vermut**	[vermut]
uísque (m)	**viski**	[viski]
vodka (f)	**votka**	[votka]
gim (m)	**cin**	[dʒin]
conhaque (m)	**konyak**	[konjak]
rum (m)	**rom**	[rom]
café (m)	**kahve**	[kahve]
café (m) puro	**siyah kahve**	[sijah kahve]
café (m) com leite	**sütlü kahve**	[sytly kahve]
cappuccino (m)	**kaymaklı kahve**	[kajmaklı kahve]
café (m) solúvel	**hazır kahve**	[hazır kahve]
leite (m)	**süt**	[syt]
coquetel (m)	**kokteyl**	[koktejl]
batido (m) de leite	**sütlü kokteyl**	[sytly koktejl]
sumo (m)	**meyve suyu**	[mejve suju]
sumo (m) de tomate	**domates suyu**	[domates suju]
sumo (m) de laranja	**portakal suyu**	[portakal suju]
sumo (m) fresco	**taze meyve suyu**	[taze mejve suju]
cerveja (f)	**bira**	[bira]
cerveja (f) clara	**hafif bira**	[hafif bira]
cerveja (f) preta	**siyah bira**	[sijah bira]
chá (m)	**çay**	[tʃaj]
chá (m) preto	**siyah çay**	[sijah tʃaj]
chá (m) verde	**yeşil çay**	[jeʃil tʃaj]

43. Vegetais

legumes (m pl)	**sebze**	[sebze]
verduras (f pl)	**yeşillik**	[jeʃilik]
tomate (m)	**domates**	[domates]
pepino (m)	**salatalık**	[salatalık]
cenoura (f)	**havuç**	[havutʃ]
batata (f)	**patates**	[patates]
cebola (f)	**soğan**	[soan]
alho (m)	**sarımsak**	[sarımsak]

couve (f)	**lahana**	[lahana]
couve-flor (f)	**karnabahar**	[karnabahar]
couve-de-bruxelas (f)	**Brüksel lâhanası**	[bryksel lahanası]
brócolos (m pl)	**brokoli**	[brokoli]
beterraba (f)	**pancar**	[pandʒar]
beringela (f)	**patlıcan**	[patlıdʒan]
curgete (f)	**sakız kabağı**	[sakız kabaı]
abóbora (f)	**kabak**	[kabak]
nabo (m)	**şalgam**	[ʃalgam]
salsa (f)	**maydanoz**	[majdanoz]
funcho, endro (m)	**dereotu**	[dereotu]
alface (f)	**yeşil salata**	[jeʃil salata]
aipo (m)	**kereviz**	[kereviz]
espargo (m)	**kuşkonmaz**	[kuʃkonmaz]
espinafre (m)	**ıspanak**	[ıspanak]
ervilha (f)	**bezelye**	[bezelje]
fava (f)	**bakla**	[bakla]
milho (m)	**mısır**	[mısır]
feijão (m)	**fasulye**	[fasulje]
pimentão (m)	**dolma biber**	[dolma biber]
rabanete (m)	**turp**	[turp]
alcachofra (f)	**enginar**	[enginar]

44. Frutos. Nozes

fruta (f)	**meyve**	[mejve]
maçã (f)	**elma**	[elma]
pera (f)	**armut**	[armut]
limão (m)	**limon**	[limon]
laranja (f)	**portakal**	[portakal]
morango (m)	**çilek**	[ʧilek]
tangerina (f)	**mandalina**	[mandalina]
ameixa (f)	**erik**	[erik]
pêssego (m)	**şeftali**	[ʃeftali]
damasco (m)	**kayısı**	[kajısı]
framboesa (f)	**ahududu**	[ahududu]
ananás (m)	**ananas**	[ananas]
banana (f)	**muz**	[muz]
melancia (f)	**karpuz**	[karpuz]
uva (f)	**üzüm**	[yzym]
ginja (f)	**vişne**	[viʃne]
cereja (f)	**kiraz**	[kiraz]
meloa (f)	**kavun**	[kavun]
toranja (f)	**greypfrut**	[grejpfrut]
abacate (m)	**avokado**	[avokado]
papaia (f)	**papaya**	[papaja]
manga (f)	**mango**	[mango]

romã (f)	**nar**	[nar]
groselha (f) vermelha	**kırmızı frenk üzümü**	[kırmızı frenk yzymy]
groselha (f) preta	**siyah frenk üzümü**	[sijah frenk yzymy]
groselha (f) espinhosa	**bektaşı üzümü**	[bektaʃı yzymy]
mirtilo (m)	**yaban mersini**	[jaban mersini]
amora silvestre (f)	**böğürtlen**	[bøjurtlen]
uvas (f pl) passas	**kuru üzüm**	[kuru yzym]
figo (m)	**incir**	[indʒir]
tâmara (f)	**hurma**	[hurma]
amendoim (m)	**yerfıstığı**	[jerfıstı:ı]
amêndoa (f)	**badem**	[badem]
noz (f)	**ceviz**	[dʒeviz]
avelã (f)	**fındık**	[fındık]
coco (m)	**Hindistan cevizi**	[hindistan dʒevizi]
pistáchios (m pl)	**çam fıstığı**	[ʧam fıstı:ı]

45. Pão. Bolaria

pastelaria (f)	**şekerleme**	[ʃekerleme]
pão (m)	**ekmek**	[ekmek]
bolacha (f)	**bisküvi**	[biskyvi]
chocolate (m)	**çikolata**	[ʧikolata]
de chocolate	**çikolatalı**	[ʧikolatalı]
rebuçado (m)	**şeker**	[ʃeker]
bolo (cupcake, etc.)	**ufak kek**	[ufak kek]
bolo (m) de aniversário	**kek, pasta**	[kek], [pasta]
tarte (~ de maçã)	**börek**	[børek]
recheio (m)	**iç**	[iʧ]
doce (m)	**reçel**	[reʧel]
geleia (f) de frutas	**marmelat**	[marmelat]
waffle (m)	**gofret**	[gofret]
gelado (m)	**dondurma**	[dondurma]

46. Pratos cozinhados

prato (m)	**yemek**	[jemek]
cozinha (~ portuguesa)	**mutfak**	[mutfak]
receita (f)	**yemek tarifi**	[jemek tarifı]
porção (f)	**porsiyon**	[porsijon]
salada (f)	**salata**	[salata]
sopa (f)	**çorba**	[ʧorba]
caldo (m)	**et suyu**	[et suju]
sandes (f)	**sandviç**	[sandviʧ]
ovos (m pl) estrelados	**sahanda yumurta**	[sahanda jumurta]
hambúrguer (m)	**hamburger**	[hamburger]

bife (m)	**biftek**	[biftek]
conduto (m)	**garnitür**	[garnityr]
espaguete (m)	**spagetti**	[spagetti]
puré (m) de batata	**patates püresi**	[patates pyresi]
pizza (f)	**pizza**	[pizza]
papa (f)	**lâpa**	[lapa]
omelete (f)	**omlet**	[omlet]
cozido em água	**pişmiş**	[piʃmiʃ]
fumado	**tütsülenmiş, füme**	[tytsylenmiʃ], [fyme]
frito	**kızartılmış**	[kızartılmıʃ]
seco	**kuru**	[kuru]
congelado	**dondurulmuş**	[dondurulmuʃ]
em conserva	**turşu**	[turʃu]
doce (açucarado)	**tatlı**	[tatlı]
salgado	**tuzlu**	[tuzlu]
frio	**soğuk**	[souk]
quente	**sıcak**	[sıʤak]
amargo	**acı**	[aʤı]
gostoso	**tatlı, lezzetli**	[tatlı], [lezzetlı]
cozinhar (em água a ferver)	**kaynatmak**	[kaɲnatmak]
fazer, preparar (vt)	**pişirmek**	[piʃirmek]
fritar (vt)	**kızartmak**	[kızartmak]
aquecer (vt)	**ısıtmak**	[ısıtmak]
salgar (vt)	**tuzlamak**	[tuzlamak]
apimentar (vt)	**biberlemek**	[biberlemek]
ralar (vt)	**rendelemek**	[rendelemek]
casca (f)	**kabuk**	[kabuk]
descascar (vt)	**soymak**	[sojmak]

47. Especiarias

sal (m)	**tuz**	[tuz]
salgado	**tuzlu**	[tuzlu]
salgar (vt)	**tuzlamak**	[tuzlamak]
pimenta (f) preta	**siyah biber**	[sijah biber]
pimenta (f) vermelha	**kırmızı biber**	[kırmızı biber]
mostarda (f)	**hardal**	[hardal]
raiz-forte (f)	**bayırturpu**	[bajırturpu]
condimento (m)	**çeşni**	[ʧeʃni]
especiaria (f)	**baharat**	[baharat]
molho (m)	**salça, sos**	[salʧa], [sos]
vinagre (m)	**sirke**	[sirke]
anis (m)	**anason**	[anason]
manjericão (m)	**fesleğen**	[fesleen]
cravo (m)	**karanfil**	[karanfil]
gengibre (m)	**zencefil**	[zenʤefil]
coentro (m)	**kişniş**	[kiʃniʃ]

canela (f)	**tarçın**	[tarʧın]
sésamo (m)	**susam**	[susam]
folhas (f pl) de louro	**defne yaprağı**	[defne japraı]
páprica (f)	**kırmızı biber**	[kırmızı biber]
cominho (m)	**çörek otu**	[ʧørek otu]
açafrão (m)	**safran**	[safran]

48. Refeições

comida (f)	**yemek**	[jemek]
comer (vt)	**yemek**	[jemek]
pequeno-almoço (m)	**kahvaltı**	[kahvaltı]
tomar o pequeno-almoço	**kahvaltı yapmak**	[kahvaltı japmak]
almoço (m)	**öğle yemeği**	[ø:le jemei]
almoçar (vi)	**öğle yemeği yemek**	[ø:le jemei jemek]
jantar (m)	**akşam yemeği**	[akʃam jemei]
jantar (vi)	**akşam yemeği yemek**	[akʃam jemei jemek]
apetite (m)	**iştah**	[iʃtah]
Bom apetite!	**Afiyet olsun!**	[afijet olsun]
abrir (~ uma lata, etc.)	**açmak**	[aʧmak]
derramar (vt)	**dökmek**	[døkmek]
derramar-se (vr)	**dökülmek**	[døkylmek]
ferver (vi)	**kaynamak**	[kajnamak]
ferver (vt)	**kaynatmak**	[kajnatmak]
fervido	**kaynamış**	[kajnamıʃ]
arrefecer (vt)	**serinletmek**	[serinletmek]
arrefecer-se (vr)	**serinleşmek**	[serinleʃmek]
sabor, gosto (m)	**tat**	[tat]
gostinho (m)	**ağızda kalan tat**	[aızda kalan tat]
fazer dieta	**zayıflamak**	[zajıflamak]
dieta (f)	**rejim, diyet**	[reʒim], [dijet]
vitamina (f)	**vitamin**	[vitamin]
caloria (f)	**kalori**	[kalori]
vegetariano (m)	**vejetaryen kimse**	[veʤetarien kimse]
vegetariano	**vejetaryen**	[veʤetarien]
gorduras (f pl)	**yağlar**	[jaalar]
proteínas (f pl)	**proteinler**	[proteinler]
carboidratos (m pl)	**karbonhidratlar**	[karbonhidratlar]
fatia (~ de limão, etc.)	**dilim**	[dilim]
pedaço (~ de bolo)	**parça**	[parʧa]
migalha (f)	**kırıntı**	[kırıntı]

49. Por a mesa

colher (f)	**kaşık**	[kaʃık]
faca (f)	**bıçak**	[bıʧak]

garfo (m)	**çatal**	[ʧatal]
chávena (f)	**fincan**	[finʤan]
prato (m)	**tabak**	[tabak]
pires (m)	**fincan tabağı**	[finʤan tabaı]
guardanapo (m)	**peçete**	[peʧete]
palito (m)	**kürdan**	[kyrdan]

50. Restaurante

restaurante (m)	**restoran**	[restoran]
café (m)	**kahvehane**	[kahvehane]
bar (m), cervejaria (f)	**bar**	[bar]
salão (m) de chá	**çay salonu**	[ʧaj salonu]
empregado (m) de mesa	**garson**	[garson]
empregada (f) de mesa	**kadın garson**	[kadın garson]
barman (m)	**barmen**	[barmen]
ementa (f)	**menü**	[meny]
lista (f) de vinhos	**şarap listesi**	[ʃarap listesi]
reservar uma mesa	**masa ayırtmak**	[masa ajırtmak]
prato (m)	**yemek**	[jemek]
pedir (vt)	**sipariş etmek**	[sipariʃ etmek]
fazer o pedido	**sipariş vermek**	[sipariʃ vermek]
aperitivo (m)	**aperatif**	[aperatif]
entrada (f)	**çerez**	[ʧerez]
sobremesa (f)	**tatlı**	[tatlı]
conta (f)	**hesap**	[hesap]
pagar a conta	**hesabı ödemek**	[hesabı ødemek]
dar o troco	**para üstü vermek**	[para justy vermek]
gorjeta (f)	**bahşiş**	[bahʃiʃ]

Família, parentes e amigos

51. Informação pessoal. Formulários

nome (m)	**ad, isim**	[ad], [isim]
apelido (m)	**soyadı**	[sojadı]
data (f) de nascimento	**doğum tarihi**	[doum tarihi]
local (m) de nascimento	**doğum yeri**	[doum jeri]
nacionalidade (f)	**milliyet**	[millijet]
lugar (m) de residência	**ikamet yeri**	[ikamet jeri]
país (m)	**ülke**	[ylke]
profissão (f)	**meslek**	[meslek]
sexo (m)	**cinsiyet**	[dʒinsijet]
estatura (f)	**boy**	[boj]
peso (m)	**ağırlık**	[aırlık]

52. Membros da família. Parentes

mãe (f)	**anne**	[anne]
pai (m)	**baba**	[baba]
filho (m)	**oğul**	[ø:ul]
filha (f)	**kız**	[kız]
filha (f) mais nova	**küçük kız**	[kytʃuk kız]
filho (m) mais novo	**küçük oğul**	[kytʃuk oul]
filha (f) mais velha	**büyük kız**	[byjuk kız]
filho (m) mais velho	**büyük oğul**	[byjuk oul]
irmão (m)	**kardeş**	[kardeʃ]
irmão (m) mais velho	**ağabey, büyük kardeş**	[aabej], [byjuk kardeʃ]
irmão (m) mais novo	**küçük kardeş**	[kytʃuk kardeʃ]
irmã (f)	**kardeş, bacı**	[kardeʃ], [badʒı]
irmã (f) mais velha	**abla, büyük bacı**	[abla], [byjuk badʒı]
irmã (f) mais nova	**kız kardeş**	[kız kardeʃ]
primo (m)	**erkek kuzen**	[erkek kuzen]
prima (f)	**kız kuzen**	[kız kuzen]
mamã (f)	**anne**	[anne]
papá (m)	**baba**	[baba]
pais (pl)	**ana baba**	[ana baba]
criança (f)	**çocuk**	[tʃodʒuk]
crianças (f pl)	**çocuklar**	[tʃodʒuklar]
avó (f)	**büyük anne**	[byjuk anne]
avô (m)	**büyük baba**	[byjuk baba]
neto (m)	**erkek torun**	[erkek torun]

neta (f)	**kız torun**	[kız torun]
netos (pl)	**torunlar**	[torunlar]
tio (m)	**amca, dayı**	[amdʒa], [dajı]
tia (f)	**teyze, hala**	[tejze], [hala]
sobrinho (m)	**erkek yeğen**	[erkek jeen]
sobrinha (f)	**kız yeğen**	[kız jeen]
sogra (f)	**kaynana**	[kajnana]
sogro (m)	**kaynata**	[kajnata]
genro (m)	**güvey**	[gyvej]
madrasta (f)	**üvey anne**	[yvej anne]
padrasto (m)	**üvey baba**	[yvej baba]
criança (f) de colo	**süt çocuğu**	[syt ʧodʒuu]
bebé (m)	**bebek**	[bebek]
menino (m)	**erkek çocuk**	[erkek ʧodʒuk]
mulher (f)	**hanım, eş**	[hanım], [eʃ]
marido (m)	**eş, koca**	[eʃ], [kodʒa]
esposo (m)	**koca**	[kodʒa]
esposa (f)	**karı**	[karı]
casado	**evli**	[evli]
casada	**evli**	[evli]
solteiro	**bekâr**	[bekjar]
solteirão (m)	**bekâr**	[bekjar]
divorciado	**boşanmış**	[boʃanmıʃ]
viúva (f)	**dul kadın**	[dul kadın]
viúvo (m)	**dul erkek**	[dul erkek]
parente (m)	**akraba**	[akraba]
parente (m) próximo	**yakın akraba**	[jakın akraba]
parente (m) distante	**uzak akraba**	[uzak akraba]
parentes (m pl)	**akrabalar**	[akrabalar]
órfão (m), órfã (f)	**yetim**	[jetim]
tutor (m)	**vasi**	[vasi]
adotar (um filho)	**evlatlık almak**	[evlatlık almak]
adotar (uma filha)	**evlatlık almak**	[evlatlık almak]

53. Amigos. Colegas de trabalho

amigo (m)	**dost, arkadaş**	[dost], [arkadaʃ]
amiga (f)	**kız arkadaş**	[kız arkadaʃ]
amizade (f)	**dostluk**	[dostluk]
ser amigos	**arkadaş olmak**	[arkadaʃ olmak]
amigo (m)	**arkadaş**	[arkadaʃ]
amiga (f)	**kız arkadaş**	[kız arkadaʃ]
parceiro (m)	**ortak**	[ortak]
chefe (m)	**şef**	[ʃef]
superior (m)	**amir**	[amir]

subordinado (m)	**ast**	[ast]
colega (m)	**meslektaş**	[meslektaʃ]
conhecido (m)	**tanıdık**	[tanıdık]
companheiro (m) de viagem	**yol arkadaşı**	[jol arkadaʃı]
colega (m) de classe	**sınıf arkadaşı**	[sınıf arkadaʃı]
vizinho (m)	**komşu**	[komʃu]
vizinha (f)	**komşu**	[komʃu]
vizinhos (pl)	**komşular**	[komʃular]

54. Homem. Mulher

mulher (f)	**kadın, bayan**	[kadın], [bajan]
rapariga (f)	**kız**	[kız]
noiva (f)	**gelin**	[gelin]
bonita	**güzel**	[gyzel]
alta	**uzun**	[uzun]
esbelta	**ince**	[indʒe]
de estatura média	**kısa boylu**	[kısa bojlu]
loura (f)	**sarışın**	[sarıʃın]
morena (f)	**esmer**	[esmer]
de senhora	**bayan**	[bajan]
virgem (f)	**bakire**	[bakire]
grávida	**hamile**	[hamile]
homem (m)	**erkek**	[erkek]
louro (m)	**sarışın**	[sarıʃın]
moreno (m)	**esmer**	[esmer]
alto	**uzun boylu**	[uzun bojlu]
de estatura média	**kısa boylu**	[kısa bojlu]
rude	**kaba**	[kaba]
atarracado	**kalın yapılı**	[kalın japılı]
robusto	**kuvvetli**	[kuvvetli]
forte	**güçlü**	[gytʃly]
força (f)	**güç**	[gytʃ]
gordo	**iri**	[iri]
moreno	**esmer**	[esmer]
esbelto	**kaslı, yapılı**	[kaslı], [japılı]
elegante	**zarif**	[zarif]

55. Idade

idade (f)	**yaş**	[jaʃ]
juventude (f)	**gençlik**	[gentʃlik]
jovem	**genç**	[gentʃ]
mais novo	**yaşı daha küçük**	[jaʃı daha kytʃuk]

mais velho	**yaşı daha büyük**	[jaʃı daha byjuk]
jovem (m)	**delikanlı**	[delikanlı]
adolescente (m)	**ergen**	[ergen]
rapaz (m)	**bir kimse**	[bir kimse]
velho (m)	**ihtiyar**	[ihtijar]
velhota (f)	**yaşlı kadın**	[jaʃlı kadın]
adulto	**yetişkin**	[jetiʃkin]
de meia-idade	**orta yaşlı**	[orta jaʃlı]
idoso, de idade	**yaşlı**	[jaʃlı]
velho	**ihtiyar, yaşlı**	[ihtijar], [jaʃlı]
reforma (f)	**emekli maaşı**	[emekli maaʃı]
reformar-se (vr)	**emekli olmak**	[emekli olmak]
reformado (m)	**emekli**	[emekli]

56. Crianças

criança (f)	**çocuk**	[ʧoʤuk]
crianças (f pl)	**çocuklar**	[ʧoʤuklar]
gémeos (m pl)	**ikizler**	[ikizler]
berço (m)	**beşik**	[beʃik]
guizo (m)	**bebek çıngırağı**	[bebek ʧıngırаı]
fralda (f)	**çocuk bezi**	[ʧoʤuk bezi]
chupeta (f)	**emzik**	[emzik]
carrinho (m) de bebé	**çocuk arabası**	[ʧoʤuk arabası]
jardim (m) de infância	**anaokulu**	[anaokulu]
babysitter (f)	**çocuk bakıcısı**	[ʧoʤuk bakıʤısı]
infância (f)	**çocukluk**	[ʧoʤukluk]
boneca (f)	**kukla**	[kukla]
brinquedo (m)	**oyuncak**	[ojunʤak]
jogo (m) de armar	**meccano**	[mekano]
bem-educado	**terbiyeli**	[terbijeli]
mal-educado	**terbiyesiz**	[terbijesiz]
mimado	**şımarık**	[ʃımarık]
ser travesso	**yaramazlık etmek**	[jaramazlık etmek]
travesso, traquinas	**yaramaz**	[jaramaz]
travessura (f)	**yaramazlık**	[jaramazlık]
criança (f) travessa	**yaramaz çocuk**	[jaramaz ʧoʤuk]
obediente	**itaatli**	[itaatli]
desobediente	**itaatsiz**	[itaatsiz]
dócil	**uslu**	[uslu]
inteligente	**zeki**	[zeki]
menino (m) prodígio	**harika çocuk**	[harika ʧoʤuk]

57. Casais. Vida de família

beijar (vt)	**öpmek**	[øpmek]
beijar-se (vr)	**öpüşmek**	[øpyʃmek]
família (f)	**aile**	[aile]
familiar	**aile, ailevi**	[aile], [ailevi]
casal (m)	**çift**	[ʧift]
matrimónio (m)	**evlilik**	[evlilik]
lar (m)	**aile ocağı**	[aile odʒaı]
dinastia (f)	**sülale**	[sylale]
encontro (m)	**randevu**	[randevu]
beijo (m)	**öpücük**	[øpydʒyk]
amor (m)	**sevgi**	[sevgi]
amar (vt)	**sevmek**	[sevmek]
amado, querido	**sevgili**	[sevgili]
ternura (f)	**şefkat**	[ʃefkat]
terno, afetuoso	**şefkatli**	[ʃefkatlı]
fidelidade (f)	**sadakat**	[sadakat]
fiel	**sadık**	[sadık]
cuidado (m)	**ihtimam**	[ihtimam]
carinhoso	**dikkatli**	[dikkatli]
recém-casados (m pl)	**yeni evliler**	[jeni evliler]
lua de mel (f)	**balayı**	[balajı]
casar-se (com um homem)	**evlenmek**	[evlenmek]
casar-se (com uma mulher)	**evlenmek**	[evlenmek]
boda (f)	**düğün**	[dyjun]
bodas (f pl) de ouro	**ellinci evlilik yıldönümü**	[ellindʒi evlilik jıldønymy]
aniversário (m)	**yıldönümü**	[jıldønymy]
amante (m)	**aşık**	[aʃık]
amante (f)	**metres**	[metres]
adultério (m)	**sadakatsizlik**	[sadakatsızlık]
cometer adultério	**sadakatsiz olmak**	[sadakatsız olmak]
ciumento	**kıskanç**	[kıskanʧ]
ser ciumento	**kıskanmak**	[kıskanmak]
divórcio (m)	**boşanma**	[boʃanma]
brigar (discutir)	**kavga etmek**	[kavga etmek]
fazer as pazes	**barışmak**	[barıʃmak]
juntos	**beraber**	[beraber]
sexo (m)	**seks**	[seks]
felicidade (f)	**mutluluk**	[mutluluk]
feliz	**mutlu**	[mutlu]
infelicidade (f)	**belâ**	[bela]
infeliz	**zavallı**	[zavallı]

Caráter. Sentimentos. Emoções

58. Sentimentos. Emoções

sentimento (m)	**duygu**	[dujgu]
sentimentos (m pl)	**duygular**	[dujgular]
sentir (vt)	**hissetmek**	[hissetmek]
fome (f)	**açlık**	[atʃlık]
ter fome	**yemek istemek**	[jemek istemek]
sede (f)	**susuzluk**	[susuzluk]
ter sede	**içmek istemek**	[itʃmek istemek]
sonolência (f)	**uykulu olma**	[ujkulu olma]
estar sonolento	**uyumak istemek**	[ujumak istemek]
cansaço (m)	**yorgunluk**	[jorgunluk]
cansado	**yorgun**	[jorgun]
ficar cansado	**yorulmak**	[jorulmak]
humor (m)	**keyif**	[kejif]
tédio (m)	**can sıkıntısı**	[dʒan sıkıntısı]
aborrecer-se (vr)	**sıkılmak**	[sıkılmak]
isolamento (m)	**yalnızlık**	[jalnızlık]
isolar-se	**inzivaya çekilmek**	[inzivaja tʃekilmek]
preocupar (vt)	**üzmek**	[yzmek]
preocupar-se (vr)	**endişelenmek**	[endiʃelenmek]
preocupação (f)	**endişe**	[endiʃe]
ansiedade (f)	**rahatsızlık**	[rahatsızlık]
preocupado	**kaygılı**	[kajgılı]
estar nervoso	**sinirlenmek**	[sinirlenmek]
entrar em pânico	**panik yapmak**	[panik japmak]
esperança (f)	**ümit**	[ymit]
esperar (vt)	**ummak**	[ummak]
certeza (f)	**kesinlik**	[kesinlik]
certo	**kararlı**	[kararlı]
indecisão (f)	**belirsizlik**	[belirsizlik]
indeciso	**belirsiz**	[belirsiz]
ébrio, bêbado	**sarhoş**	[sarhoʃ]
sóbrio	**ayık**	[ajık]
fraco	**zayıf**	[zajıf]
feliz	**mutlu**	[mutlu]
assustar (vt)	**korkutmak**	[korkutmak]
fúria (f)	**kızgınlık**	[kızgınlık]
ira, raiva (f)	**öfke**	[øfke]
depressão (f)	**depresyon**	[depresjon]
desconforto (m)	**rahatsızlık**	[rahatsızlık]

conforto (m)	**konfor**	[konfor]
arrepender-se (vr)	**üzülmek**	[yzylmek]
arrependimento (m)	**pişmanlık**	[piʃmanlık]
azar (m), má sorte (f)	**talihsizlik**	[talihsizlik]
tristeza (f)	**üzüntü**	[yzynty]
vergonha (f)	**utanma**	[utanma]
alegria (f)	**neşe**	[neʃe]
entusiasmo (m)	**coşku**	[ʤoʃku]
entusiasta (m)	**coşkun kimse**	[ʤoʃkun kimse]
mostrar entusiasmo	**coşkulu davranmak**	[ʤoʃkulu davranmak]

59. Caráter. Personalidade

caráter (m)	**karakter**	[karakter]
falha (f) de caráter	**karakter kusur**	[karakter kusur]
mente (f)	**zekâ**	[zekja]
razão (f)	**akıl**	[akıl]
consciência (f)	**vicdan**	[viʤdan]
hábito (m)	**alışkanlık**	[alıʃkanlık]
habilidade (f)	**kabiliyet**	[kabilijet]
saber (~ nadar, etc.)	**... -abilir, ... -ebilir**	[abilir], [ebilir]
paciente	**sabırlı**	[sabırlı]
impaciente	**sabırsız**	[sabırsız]
curioso	**meraklı**	[meraklı]
curiosidade (f)	**merak**	[merak]
modéstia (f)	**mütevazilik**	[mytevazilik]
modesto	**mütevazi**	[mytevazi]
imodesto	**küstah**	[kystah]
preguiça (f)	**tembellik**	[tembelik]
preguiçoso	**tembel**	[tembel]
preguiçoso (m)	**tembel kimse**	[tembel kimse]
astúcia (f)	**kurnazlık**	[kurnazlık]
astuto	**kurnaz**	[kurnaz]
desconfiança (f)	**güvensizlik**	[gyvensizlik]
desconfiado	**güvensiz**	[gyvensiz]
generosidade (f)	**cömertlik**	[ʤømertlik]
generoso	**cömert**	[ʤømert]
talentoso	**yetenekli**	[jetenekli]
talento (m)	**yetenek**	[jetenek]
corajoso	**cesur**	[ʤesur]
coragem (f)	**cesaret**	[ʤesaret]
honesto	**dürüst**	[dyryst]
honestidade (f)	**dürüstlük**	[dyrystlyk]
prudente	**ihtiyatlı**	[ihtijatlı]
valente	**cesaretli**	[ʤesaretli]

sério	**ciddi**	[dʒiddi]
severo	**sert**	[sert]
decidido	**kararlı**	[kararlı]
indeciso	**kararsız**	[kararsız]
tímido	**çekingen**	[ʧekingen]
timidez (f)	**çekingenlik**	[ʧekingenlik]
confiança (f)	**güven**	[gyven]
confiar (vt)	**güvenmek**	[gyvenmek]
crédulo	**güvenen**	[gyvenen]
sinceramente	**samimi olarak**	[samimi olarak]
sincero	**samimi**	[samimi]
sinceridade (f)	**samimiyet**	[samimijet]
aberto	**açık**	[aʧık]
calmo	**sakin**	[sakin]
franco	**içten**	[iʧten]
ingénuo	**saf**	[saf]
distraído	**dalgın**	[dalgın]
engraçado	**komik**	[komik]
ganância (f)	**cimrilik**	[dʒimrilik]
ganancioso	**cimri**	[dʒimri]
avarento	**pinti**	[pinti]
mau	**kötü kalpli**	[køty kalpli]
teimoso	**inatçı**	[inaʧı]
desagradável	**sevimsiz**	[sevimsiz]
egoísta (m)	**bencil**	[bendʒil]
egoísta	**bencil**	[bendʒil]
cobarde (m)	**korkak kimse**	[korkak kimse]
cobarde	**korkak**	[korkak]

60. O sono. Sonhos

dormir (vi)	**uyumak**	[ujumak]
sono (m)	**uyku**	[ujku]
sonho (m)	**düş, rüya**	[dyʃ], [ruja]
sonhar (vi)	**rüya görmek**	[ryja gørmek]
sonolento	**uykulu**	[ujkulu]
cama (f)	**yatak**	[jatak]
colchão (m)	**şilte**	[ʃilte]
cobertor (m)	**battaniye**	[battanije]
almofada (f)	**yastık**	[jastık]
lençol (m)	**çarşaf**	[ʧarʃaf]
insónia (f)	**uykusuzluk**	[ujkusuzluk]
insone	**uykusuz**	[ujkusuz]
sonífero (m)	**uyku hapı**	[ujku hapı]
tomar um sonífero	**uyku hapı almak**	[ujku hapı almak]
estar sonolento	**uyumak istemek**	[ujumak istemek]

bocejar (vi)	**esnemek**	[esnemek]
ir para a cama	**uyumaya gitmek**	[ujumaja gitmek]
fazer a cama	**yatağı hazırlamak**	[jataı hazırlamak]
adormecer (vi)	**uykuya dalmak**	[ujkuja dalmak]
pesadelo (m)	**kabus**	[kabus]
ronco (m)	**horultu**	[horultu]
roncar (vi)	**horlamak**	[horlamak]
despertador (m)	**çalar saat**	[ʧalar saat]
acordar, despertar (vt)	**uyandırmak**	[ujandırmak]
acordar (vi)	**uyanmak**	[ujanmak]
levantar-se (vr)	**kalkmak**	[kalkmak]
lavar-se (vr)	**yıkanmak**	[jıkanmak]

61. Humor. Riso. Alegria

humor (m)	**mizah**	[mizah]
sentido (m) de humor	**mizah anlayışı**	[mizah anlajıʃı]
divertir-se (vr)	**eğlenmek**	[eelenmek]
alegre	**neşeli**	[neʃeli]
alegria (f)	**neşe**	[neʃe]
sorriso (m)	**gülümseme**	[gylymseme]
sorrir (vi)	**gülümsemek**	[gylymsemek]
começar a rir	**gülmeye başlamak**	[gylmeje baʃlamak]
rir (vi)	**gülmek**	[gylmek]
riso (m)	**gülme**	[gylme]
anedota (f)	**fıkra**	[fıkra]
engraçado	**gülünçlü**	[gylynʧly]
ridículo	**komik**	[komik]
brincar, fazer piadas	**şaka yapmak**	[ʃaka japmak]
piada (f)	**şaka**	[ʃaka]
alegria (f)	**neşe, sevinç**	[neʃe], [sevinʧ]
regozijar-se (vr)	**sevinmek**	[sevinmek]
alegre	**sevinçli**	[sevinʧli]

62. Discussão, conversação. Parte 1

comunicação (f)	**iletişim**	[iletiʃim]
comunicar-se (vr)	**iletişim kurmak**	[iletiʃim kurmak]
conversa (f)	**konuşma**	[konuʃma]
diálogo (m)	**diyalog**	[dialog]
discussão (f)	**müzakere**	[myzakere]
debate (m)	**tartışma**	[tartıʃma]
debater (vt)	**tartışmak**	[tartıʃmak]
interlocutor (m)	**muhatap**	[muhatap]
tema (m)	**konu**	[konu]

ponto (m) de vista	**bakış açısı**	[bakıʃ atʃısı]
opinião (f)	**fikir, görüş**	[fikir], [gøryʃ]
discurso (m)	**demeç**	[demetʃ]
discussão (f)	**görüşme**	[gøryʃme]
discutir (vt)	**görüşmek**	[gøryʃmek]
conversa (f)	**sohbet**	[sohbet]
conversar (vi)	**sohbet etmek**	[sohbet etmek]
encontro (m)	**karşılaşma**	[karʃılaʃma]
encontrar-se (vr)	**karşılaşmak**	[karʃılaʃmak]
provérbio (m)	**atasözü**	[atasøzy]
ditado (m)	**deyim**	[dejim]
adivinha (f)	**bilmece**	[bilmedʒe]
dizer uma adivinha	**bilmece sormak**	[bilmedʒe sormak]
senha (f)	**parola**	[parola]
segredo (m)	**sır**	[sır]
juramento (m)	**yemin**	[jemin]
jurar (vi)	**yemin etmek**	[jemin etmek]
promessa (f)	**vaat**	[vaat]
prometer (vt)	**vaat etmek**	[vaat etmek]
conselho (m)	**tavsiye**	[tavsije]
aconselhar (vt)	**tavsiye etmek**	[tavsije etmek]
escutar (~ os conselhos)	**söz dinlemek**	[søz dinlemek]
novidade, notícia (f)	**haber**	[haber]
sensação (f)	**sansasyon**	[sansasjon]
informação (f)	**bilgi**	[bilgi]
conclusão (f)	**sonuç**	[sonutʃ]
voz (f)	**ses**	[ses]
elogio (m)	**kompliman**	[kompliman]
amável	**nazik**	[nazik]
palavra (f)	**söz**	[søz]
frase (f)	**cümle**	[dʒymle]
resposta (f)	**cevap**	[dʒevap]
verdade (f)	**doğru, gerçek**	[dooru], [gertʃek]
mentira (f)	**yalan**	[jalan]
pensamento (m)	**düşünce**	[dyʃyndʒe]
ideia (f)	**fikir**	[fikir]
fantasia (f)	**uydurma**	[ujdurma]

63. Discussão, conversação. Parte 2

estimado	**sayın**	[sajın]
respeitar (vt)	**saygı göstermek**	[sajgı gøstermek]
respeito (m)	**saygı**	[sajgı]
Estimado ..., Caro ...	**Sevgili ..., Sayın ...**	[sevgili], [sajın]
apresentar (vt)	**tanıştırmak**	[tanıʃtırmak]
travar conhecimento	**biriyle tanışmak**	[birijle tanıʃmak]

intenção (f)	**niyet**	[nijet]
tencionar (vt)	**niyetlenmek**	[nijetlenmek]
desejo (m)	**dilek**	[dilek]
desejar (ex. ~ boa sorte)	**dilemek**	[dilemek]

surpresa (f)	**hayret**	[hajret]
surpreender (vt)	**şaşırtmak**	[ʃaʃırtmak]
surpreender-se (vr)	**şaşırmak**	[ʃaʃırmak]

dar (vt)	**vermek**	[vermek]
pegar (tomar)	**almak**	[almak]
devolver (vt)	**iade etmek**	[iade etmek]
retornar (vt)	**geri vermek**	[geri vermek]

desculpar-se (vr)	**özür dilemek**	[øzyr dilemek]
desculpa (f)	**özür**	[øzyr]
perdoar (vt)	**affetmek**	[afetmek]

falar (vi)	**konuşmak**	[konuʃmak]
escutar (vt)	**dinlemek**	[dinlemek]
ouvir até o fim	**sonuna kadar dinlemek**	[sonuna kadar dinlemek]
compreender (vt)	**anlamak**	[anlamak]

mostrar (vt)	**göstermek**	[gøstermek]
olhar para ...	**... bakmak**	[bakmak]
chamar (dizer em voz alta o nome)	**çağırmak**	[ʧaırmak]
distrair (vt)	**canını sıkmak**	[ʤanını sıkmak]
perturbar (vt)	**rahatsız etmek**	[rahatsız etmek]
entregar (~ em mãos)	**iletmek**	[iletmek]

pedido (m)	**rica, istek**	[riʤa], [istek]
pedir (ex. ~ ajuda)	**rica etmek, istemek**	[riʤa etmek], [istemek]
exigência (f)	**talep**	[talep]
exigir (vt)	**talep etmek**	[talep etmek]

chamar nomes (vt)	**takılmak**	[takılmak]
zombar (vt)	**alay etmek**	[alaj etmek]
zombaria (f)	**alay**	[alaj]
alcunha (f)	**lakap, takma ad**	[lakap], [takma ad]

insinuação (f)	**ima**	[ima]
insinuar (vt)	**ima etmek**	[ima etmek]
subentender (vt)	**kastetmek**	[kastetmek]

descrição (f)	**tanım**	[tanım]
descrever (vt)	**betimlemek**	[betimlemek]
elogio (m)	**övgü**	[øvgy]
elogiar (vt)	**övmek**	[øvmek]

desapontamento (m)	**hayal kırıklığı**	[hajal kırıklı:ı]
desapontar (vt)	**hayal kırıklığına uğratmak**	[hajal kırıklı:ına uratmak]
desapontar-se (vr)	**hayal kırıklığına uğramak**	[hajal kırıklı:ına uramak]

suposição (f)	**tahmin**	[tahmin]
supor (vt)	**tahmin etmek**	[tahmin etmek]

advertência (f)	**uyarı**	[ujarı]
advertir (vt)	**uyarmak**	[ujarmak]

64. Discussão, conversação. Parte 3

convencer (vt)	**ikna etmek**	[ikna etmek]
acalmar (vt)	**yatıştırmak**	[jatıʃtırmak]
silêncio (o ~ é de ouro)	**susma**	[susma]
ficar em silêncio	**susmak**	[susmak]
sussurrar (vt)	**fısıldamak**	[fısıldamak]
sussurro (m)	**fısıltı**	[fısıltı]
francamente	**açıkça**	[aʧıkʧa]
a meu ver ...	**bence ...**	[benʤe]
detalhe (~ da história)	**ayrıntı**	[ajrıntı]
detalhado	**ayrıntılı, detaylı**	[ajrıntlı], [detajlı]
detalhadamente	**ayrıntılı olarak**	[ajrıntlı olarak]
dica (f)	**ipucu**	[ipuʤu]
dar uma dica	**ipucu vermek**	[ipuʤu vermek]
olhar (m)	**bakış**	[bakıʃ]
dar uma vista de olhos	**bakmak**	[bakmak]
fixo (olhar ~)	**sabit**	[sabit]
piscar (vi)	**kırpıştırmak**	[kırpıʃtırmak]
pestanejar (vt)	**göz kırpmak**	[gøz kırpmak]
acenar (com a cabeça)	**başını sallamak**	[baʃını sallamak]
suspiro (m)	**nefes**	[nefes]
suspirar (vi)	**nefes almak**	[nefes almak]
estremecer (vi)	**irkilmek**	[irkilmek]
gesto (m)	**jest**	[ʒest]
tocar (com as mãos)	**dokunmak**	[dokunmak]
agarrar (~ pelo braço)	**yapışmak**	[japıʃmak]
bater de leve	**hafifçe vurmak**	[hafifʧe vurmak]
Cuidado!	**Dikkat et!**	[dikkat et]
A sério?	**Acaba?**	[aʤaba]
Boa sorte!	**İyi şanslar!**	[iji ʃanslar]
Compreendi!	**Anlaşıldı!**	[anlaʃıldı]
Que pena!	**Maalesef!**	[maalesef]

65. Acordo. Recusa

consentimento (~ mútuo)	**rıza**	[rıza]
consentir (vi)	**razı olmak**	[razı olmak]
aprovação (f)	**onay**	[onaj]
aprovar (vt)	**onaylamak**	[onajlamak]
recusa (f)	**ret**	[ret]
negar-se (vt)	**reddetmek**	[reddetmek]

Está ótimo!	**Pek iyi!**	[pek iji]
Muito bem!	**İyi!**	[iji]
Está bem! De acordo!	**Tamam!**	[tamam]
proibido	**yasaklanmış**	[jasaklanmıʃ]
é proibido	**yasaktır**	[jasaktır]
é impossível	**imkânsız**	[imkansıs]
incorreto	**yanlış**	[janlıʃ]
rejeitar (~ um pedido)	**geri çevirmek**	[geri ʧevirmek]
apoiar (vt)	**desteklemek**	[desteklemek]
aceitar (desculpas, etc.)	**kabul etmek**	[kabul etmek]
confirmar (vt)	**tasdik etmek**	[tasdik etmek]
confirmação (f)	**tasdik**	[tasdik]
permissão (f)	**izin**	[izin]
permitir (vt)	**izin vermek**	[izin vermek]
decisão (f)	**karar**	[karar]
não dizer nada	**susmak**	[susmak]
condição (com uma ~)	**şart**	[ʃart]
pretexto (m)	**bahane**	[bahane]
elogio (m)	**övgü**	[øvgy]
elogiar (vt)	**övmek**	[øvmek]

66. Sucesso. Boa sorte. Insucesso

êxito, sucesso (m)	**başarı**	[baʃarı]
com êxito	**başarıyla**	[baʃarıjla]
bem sucedido	**başarılı**	[baʃarılı]
sorte (fortuna)	**şans**	[ʃans]
Boa sorte!	**İyi şanslar!**	[iji ʃanslar]
de sorte	**başarılı**	[baʃarılı]
sortudo, felizardo	**şanslı**	[ʃanslı]
fracasso (m)	**başarısızlık**	[baʃarısızlık]
pouca sorte (f)	**şanssızlık**	[ʃansızlık]
azar (m), má sorte (f)	**talihsizlik**	[talihsizlik]
mal sucedido	**başarısız**	[baʃarısız]
catástrofe (f)	**felâket**	[felaket]
orgulho (m)	**gurur**	[gurur]
orgulhoso	**gururlu**	[gururlu]
estar orgulhoso	**gurur duymak**	[gurur dujmak]
vencedor (m)	**galip, kazanan**	[galip], [kazanan]
vencer (vi)	**yenmek**	[jenmek]
perder (vt)	**kaybetmek**	[kajbetmek]
tentativa (f)	**deneme**	[deneme]
tentar (vt)	**denemek**	[denemek]
chance (m)	**şans**	[ʃans]

67. Conflitos. Emoções negativas

grito (m)	**bağırtı**	[baırtı]
gritar (vi)	**bağırmak**	[baırmak]
começar a gritar	**bağırmaya başlamak**	[baırmaja baʃlamak]
discussão (f)	**kavga**	[kavga]
discutir (vt)	**kavga etmek**	[kavga etmek]
escândalo (m)	**rezalet**	[rezalet]
criar escândalo	**rezalet çıkarmak**	[rezalet ʧıkarmak]
conflito (m)	**anlaşmazlık**	[anlaʃmazlık]
mal-entendido (m)	**yanlış anlama**	[janlıʃ anlama]
insulto (m)	**hakaret**	[hakaret]
insultar (vt)	**hakaret etmek**	[hakaret etmek]
insultado	**aşağılanan**	[aʃaılanan]
ofensa (f)	**gücenme**	[gyʤenme]
ofender (vt)	**gücendirmek**	[gyʤendirmek]
ofender-se (vr)	**gücenmek**	[gyʤenmek]
indignação (f)	**dargınlık**	[dargınlık]
indignar-se (vr)	**öfkelenmek**	[øfkelenmek]
queixa (f)	**şikayet**	[ʃikajet]
queixar-se (vr)	**şikayet etmek**	[ʃikajet etmek]
desculpa (f)	**özür**	[øzyr]
desculpar-se (vr)	**özür dilemek**	[øzyr dilemek]
pedir perdão	**af dilemek**	[af dilemek]
crítica (f)	**eleştiri**	[eleʃtiri]
criticar (vt)	**eleştirmek**	[eleʃtirmek]
acusação (f)	**suçlama**	[suʧlama]
acusar (vt)	**suçlamak**	[suʧlamak]
vingança (f)	**intikam**	[intikam]
vingar (vt)	**intikam almak**	[intikam almak]
vingar-se (vr)	**geri ödemek**	[geri ødemek]
desprezo (m)	**kibir**	[kibir]
desprezar (vt)	**hor görmek**	[hor gørmek]
ódio (m)	**nefret**	[nefret]
odiar (vt)	**nefret etmek**	[nefret etmek]
nervoso	**sinirli**	[sinirli]
estar nervoso	**sinirlenmek**	[sinirlenmek]
zangado	**kızgın**	[kızgın]
zangar (vt)	**kızdırmak**	[kızdırmak]
humilhação (f)	**aşağılama**	[aʃaılama]
humilhar (vt)	**aşağılamak**	[aʃaılamak]
humilhar-se (vr)	**küçük düşürmek**	[kyʧuk dyʃyrmek]
choque (m)	**şok**	[ʃok]
chocar (vt)	**şoke etmek**	[ʃoke etmek]
aborrecimento (m)	**bela**	[bela]

desagradável	**tatsız**	[tatsız]
medo (m)	**korku**	[korku]
terrível (tempestade, etc.)	**müthiş**	[mythiʃ]
assustador (ex. história ~a)	**korkunç**	[korkunʧ]
horror (m)	**dehşet**	[dehʃet]
horrível (crime, etc.)	**dehşetli**	[dehʃetli]
chorar (vi)	**ağlamak**	[aalamak]
começar a chorar	**ağlamaya başlamak**	[aalamaja baʃlamak]
lágrima (f)	**yaş**	[jaʃ]
falta (f)	**kabahat**	[kabahat]
culpa (f)	**suç**	[suʧ]
desonra (f)	**rezalet**	[rezalet]
protesto (m)	**protesto**	[protesto]
stresse (m)	**stres**	[stres]
perturbar (vt)	**rahatsız etmek**	[rahatsız etmek]
zangar-se com ...	**kızmak**	[kızmak]
zangado	**dargın**	[dargın]
terminar (vt)	**kesmek**	[kesmek]
praguejar	**sövmek**	[søvmek]
assustar-se	**korkmak**	[korkmak]
golpear (vt)	**vurmak**	[vurmak]
brigar (na rua, etc.)	**dövüşmek**	[døvyʃmek]
resolver (o conflito)	**çözmek**	[ʧøzmek]
descontente	**memnun olmayan**	[memnun olmajan]
furioso	**öfkeli**	[øfkeli]
Não está bem!	**O iyi değil!**	[o iji deil]
É mau!	**Bu kötü!**	[bu køty]

Medicina

68. Doenças

doença (f)	**hastalık**	[hastalık]
estar doente	**hasta olmak**	[hasta olmak]
saúde (f)	**sağlık**	[saalık]
nariz (m) a escorrer	**nezle**	[nezle]
amigdalite (f)	**anjin**	[anʒin]
constipação (f)	**soğuk algınlığı**	[souk algınlı:ı]
constipar-se (vr)	**soğuk almak**	[souk almak]
bronquite (f)	**bronşit**	[bronʃit]
pneumonia (f)	**zatürree**	[zatyrree]
gripe (f)	**grip**	[grip]
míope	**miyop**	[mijop]
presbita	**hipermetrop**	[hipermetrop]
estrabismo (m)	**şaşılık**	[ʃaʃılık]
estrábico	**şaşı**	[ʃaʃı]
catarata (f)	**katarakt**	[katarakt]
glaucoma (m)	**glokoma**	[glokoma]
AVC (m), apoplexia (f)	**felç**	[feltʃ]
ataque (m) cardíaco	**enfarktüs**	[enfarktys]
enfarte (m) do miocárdio	**kalp krizi**	[kalp krizi]
paralisia (f)	**felç**	[feltʃ]
paralisar (vt)	**felç olmak**	[feltʃ olmak]
alergia (f)	**alerji**	[alerʒi]
asma (f)	**astım**	[astım]
diabetes (f)	**diyabet**	[diabet]
dor (f) de dentes	**diş ağrısı**	[diʃ aarısı]
cárie (f)	**diş çürümesi**	[diʃ tʃurymesi]
diarreia (f)	**ishal**	[ishal]
prisão (f) de ventre	**kabız**	[kabız]
desarranjo (m) intestinal	**mide bozukluğu**	[mide bozukluu]
intoxicação (f) alimentar	**zehirlenme**	[zehirlenme]
intoxicar-se	**zehirlenmek**	[zehirlenmek]
artrite (f)	**artrit, arterit**	[artrit]
raquitismo (m)	**raşitizm**	[raʃitizm]
reumatismo (m)	**romatizma**	[romatizma]
arteriosclerose (f)	**damar sertliği**	[damar sertli:i]
gastrite (f)	**gastrit**	[gastrit]
apendicite (f)	**apandisit**	[apandisit]

colecistite (f)	**kolesistit**	[kolesistit]
úlcera (f)	**ülser**	[ylser]
sarampo (m)	**kızamık**	[kızamık]
rubéola (f)	**kızamıkçık**	[kızamıktʃık]
iterícia (f)	**sarılık**	[sarılık]
hepatite (f)	**hepatit**	[hepatit]
esquizofrenia (f)	**şizofreni**	[ʃizofreni]
raiva (f)	**kuduz hastalığı**	[kuduz hastalı:ı]
neurose (f)	**nevroz**	[nevroz]
comoção (f) cerebral	**beyin kanaması**	[bejin kanaması]
cancro (m)	**kanser**	[kanser]
esclerose (f)	**skleroz**	[skleroz]
esclerose (f) múltipla	**multipl skleroz**	[multipl skleroz]
alcoolismo (m)	**alkoliklik**	[alkoliklik]
alcoólico (m)	**alkolik**	[alkolik]
sífilis (f)	**frengi**	[frengi]
SIDA (f)	**AİDS**	[eids]
tumor (m)	**tümör, ur**	[tymør], [jur]
maligno	**kötü huylu**	[køty hujlu]
benigno	**iyi huylu**	[iji hujlu]
febre (f)	**sıtma**	[sıtma]
malária (f)	**malarya**	[malarja]
gangrena (f)	**kangren**	[kangren]
enjoo (m)	**deniz tutması**	[deniz tutması]
epilepsia (f)	**epilepsi**	[epilepsi]
epidemia (f)	**salgın**	[salgın]
tifo (m)	**tifüs**	[tifys]
tuberculose (f)	**verem**	[verem]
cólera (f)	**kolera**	[kolera]
peste (f)	**veba**	[veba]

69. Sintomas. Tratamentos. Parte 1

sintoma (m)	**belirti**	[belirti]
temperatura (f)	**ateş**	[ateʃ]
febre (f)	**yüksek ateş**	[juksek ateʃ]
pulso (m)	**nabız**	[nabız]
vertigem (f)	**baş dönmesi**	[baʃ dønmesi]
quente (testa, etc.)	**ateşli**	[ateʃli]
calafrio (m)	**üşüme**	[yʃyme]
pálido	**solgun**	[solgun]
tosse (f)	**öksürük**	[øksyryk]
tossir (vi)	**öksürmek**	[øksyrmek]
espirrar (vi)	**hapşırmak**	[hapʃırmak]
desmaio (m)	**baygınlık**	[bajgınlık]

desmaiar (vi)	**bayılmak**	[bajılmak]
nódoa (f) negra	**çürük**	[ʧuryk]
galo (m)	**şişlik**	[ʃiʃlik]
magoar-se (vr)	**çarpmak**	[ʧarpmak]
pisadura (f)	**yara**	[jara]
aleijar-se (vr)	**yaralamak**	[jaralamak]
coxear (vi)	**topallamak**	[topallamak]
deslocação (f)	**çıkık**	[ʧıkık]
deslocar (vt)	**çıkmak**	[ʧıkmak]
fratura (f)	**kırık, fraktür**	[kırık], [fraktyr]
fraturar (vt)	**kırılmak**	[kırılmak]
corte (m)	**kesik**	[kesik]
cortar-se (vr)	**bir yerini kesmek**	[bir jerini kesmek]
hemorragia (f)	**kanama**	[kanama]
queimadura (f)	**yanık**	[janık]
queimar-se (vr)	**yanmak**	[janmak]
picar (vt)	**batırmak**	[batırmak]
picar-se (vr)	**batırmak**	[batırmak]
lesionar (vt)	**yaralamak**	[jaralamak]
lesão (m)	**yara, zarar**	[jara], [zarar]
ferida (f), ferimento (m)	**yara**	[jara]
trauma (m)	**sarsıntı**	[sarsıntı]
delirar (vi)	**sayıklamak**	[sajıklamak]
gaguejar (vi)	**kekelemek**	[kekelemek]
insolação (f)	**güneş çarpması**	[gyneʃ ʧarpması]

70. Sintomas. Tratamentos. Parte 2

dor (f)	**acı**	[adʒı]
farpa (no dedo)	**kıymık**	[kıjmık]
suor (m)	**ter**	[ter]
suar (vi)	**terlemek**	[terlemek]
vómito (m)	**kusma**	[kusma]
convulsões (f pl)	**kramp**	[kramp]
grávida	**hamile**	[hamile]
nascer (vi)	**doğmak**	[doomak]
parto (m)	**doğum**	[doum]
dar à luz	**doğurmak**	[dourmak]
aborto (m)	**çocuk düşürme**	[ʧodʒuk dyʃyrme]
respiração (f)	**respirasyon**	[respirasjon]
inspiração (f)	**soluk alma**	[soluk alma]
expiração (f)	**soluk verme**	[soluk verme]
expirar (vi)	**soluk vermek**	[soluk vermek]
inspirar (vi)	**bir soluk almak**	[bir soluk almak]
inválido (m)	**malul**	[malyl]
aleijado (m)	**sakat**	[sakat]

toxicodependente (m)	**uyuşturucu bağımlısı**	[ujuʃturuʤu baımlısı]
surdo	**sağır**	[saır]
mudo	**dilsiz**	[dilsiz]
surdo-mudo	**sağır ve dilsiz**	[saır ve dilsiz]
louco (adj.)	**deli**	[deli]
louco (m)	**deli adam**	[deli adam]
louca (f)	**deli kadın**	[deli kadın]
ficar louco	**çıldırmak**	[ʧıldırmak]
gene (m)	**gen**	[gen]
imunidade (f)	**bağışıklık**	[baıʃıklık]
hereditário	**irsi, kalıtsal**	[irsi], [kalıtsal]
congénito	**doğuştan**	[douʃtan]
vírus (m)	**virüs**	[virys]
micróbio (m)	**mikrop**	[mikrop]
bactéria (f)	**bakteri**	[bakteri]
infeção (f)	**enfeksiyon**	[enfeksijon]

71. Sintomas. Tratamentos. Parte 3

hospital (m)	**hastane**	[hastane]
paciente (m)	**hasta**	[hasta]
diagnóstico (m)	**teşhis**	[teʃhis]
cura (f)	**çare**	[ʧare]
tratamento (m) médico	**tedavi**	[tedavi]
curar-se (vr)	**tedavi görmek**	[tedavi gørmek]
tratar (vt)	**tedavi etmek**	[tedavi etmek]
cuidar (pessoa)	**hastaya bakmak**	[hastaja bakmak]
cuidados (m pl)	**hasta bakımı**	[hasta bakımı]
operação (f)	**ameliyat**	[amelijat]
enfaixar (vt)	**pansuman yapmak**	[pansuman japmak]
enfaixamento (m)	**pansuman**	[pansuman]
vacinação (f)	**aşılama**	[aʃılama]
vacinar (vt)	**aşı yapmak**	[aʃı japmak]
injeção (f)	**iğne**	[i:ine]
dar uma injeção	**iğne yapmak**	[i:ine japmak]
ataque (~ de asma, etc.)	**atak**	[atak]
amputação (f)	**ampütasyon**	[ampytasjon]
amputar (vt)	**ameliyatla almak**	[amelijatla almak]
coma (f)	**koma**	[koma]
estar em coma	**komada olmak**	[komada olmak]
reanimação (f)	**yoğun bakım**	[joun bakım]
recuperar-se (vr)	**iyileşmek**	[ijileʃmek]
estado (~ de saúde)	**durum**	[durum]
consciência (f)	**bilinç**	[bilinʧ]
memória (f)	**hafıza**	[hafıza]
tirar (vt)	**çekmek**	[ʧekmek]

chumbo (m), obturação (f)	**dolgu**	[dolgu]
chumbar, obturar (vt)	**dolgu yapmak**	[dolgu japmak]
hipnose (f)	**hipnoz**	[hipnoz]
hipnotizar (vt)	**hipnotize etmek**	[hipnotize etmek]

72. Médicos

médico (m)	**doktor**	[doktor]
enfermeira (f)	**hemşire**	[hemʃire]
médico (m) pessoal	**özel doktor**	[øzel doktor]
dentista (m)	**dişçi**	[diʃʧi]
oculista (m)	**göz doktoru**	[gøz doktoru]
terapeuta (m)	**pratisyen doktor**	[pratisjen doktor]
cirurgião (m)	**cerrah**	[ʤerrah]
psiquiatra (m)	**psikiyatr**	[psikijatr]
pediatra (m)	**çocuk doktoru**	[ʧoʤuk doktoru]
psicólogo (m)	**psikolog**	[psikolog]
ginecologista (m)	**kadın doktoru**	[kadın doktoru]
cardiologista (m)	**kardiyoloji uzmanı**	[kardioloʒi uzmanı]

73. Medicina. Drogas. Acessórios

medicamento (m)	**ilaç**	[ilaʧ]
remédio (m)	**deva**	[deva]
receitar (vt)	**yazmak**	[jazmak]
receita (f)	**reçete**	[reʧete]
comprimido (m)	**hap**	[hap]
pomada (f)	**merhem**	[merhem]
ampola (f)	**ampul**	[ampul]
preparado (m)	**solüsyon**	[solysjon]
xarope (m)	**şurup**	[ʃurup]
cápsula (f)	**kapsül**	[kapsyl]
remédio (m) em pó	**toz**	[toz]
ligadura (f)	**bandaj**	[bandaʒ]
algodão (m)	**pamuk**	[pamuk]
iodo (m)	**iyot**	[ijot]
penso (m) rápido	**yara bandı**	[jara bandı]
conta-gotas (m)	**damlalık**	[damlalık]
termómetro (m)	**derece**	[dereʤe]
seringa (f)	**şırınga**	[ʃırınga]
cadeira (f) de rodas	**tekerlekli sandalye**	[tekerlekli sandalje]
muletas (f pl)	**koltuk değneği**	[koltuk deenei]
analgésico (m)	**anestetik**	[anestetik]
laxante (m)	**müshil**	[myshil]

álcool (m) etílico	**ispirto**	[ispirto]
ervas (f pl) medicinais	**şifalı bitkiler**	[ʃifalı bitkiler]
de ervas (chá ~)	**bitkisel**	[bitkisel]

74. Fumar. Produtos tabágicos

tabaco (m)	**tütün**	[tytyn]
cigarro (m)	**sigara**	[sigara]
charuto (m)	**puro**	[puro]
cachimbo (m)	**pipo**	[pipo]
maço (~ de cigarros)	**paket sigara**	[paket sigara]
fósforos (m pl)	**kibrit**	[kibrit]
caixa (f) de fósforos	**kibrit kutusu**	[kibrit kutusu]
isqueiro (m)	**çakmak**	[ʧakmak]
cinzeiro (m)	**küllük**	[kyllyk]
cigarreira (f)	**sigara tabakası**	[sigara tabakası]
boquilha (f)	**ağızlık**	[aızlık]
filtro (m)	**filtre**	[filtre]
fumar (vi, vt)	**içmek**	[iʧmek]
acender um cigarro	**sigara yakmak**	[sigara jakmak]
tabagismo (m)	**sigara içme**	[sigara iʧme]
fumador (m)	**sigara tiryakisi**	[sigara tirijakisı]
beata (f)	**izmarit**	[izmarit]
fumo (m)	**duman**	[duman]
cinza (f)	**kül**	[kyl]

HABITAT HUMANO

Cidade

75. Cidade. Vida na cidade

cidade (f)	**kent, şehir**	[kent], [ʃehir]
capital (f)	**başkent**	[baʃkent]
aldeia (f)	**köy**	[køj]
mapa (m) da cidade	**şehir planı**	[ʃehir planı]
centro (m) da cidade	**şehir merkezi**	[ʃehir merkezi]
subúrbio (m)	**varoş**	[varoʃ]
suburbano	**banliyö**	[banljø]
periferia (f)	**şehir kenarı**	[ʃehir kenarı]
arredores (m pl)	**çevre**	[ʧevre]
quarteirão (m)	**mahalle**	[mahale]
quarteirão (m) residencial	**yerleşim bölgesi**	[jerleʃim bølgesi]
tráfego (m)	**trafik**	[trafik]
semáforo (m)	**trafik ışıkları**	[trafik ıʃıkları]
transporte (m) público	**toplu taşıma**	[toplu taʃıma]
cruzamento (m)	**kavşak**	[kavʃak]
passadeira (f)	**yaya geçidi**	[jaja geʧidi]
passagem (f) subterrânea	**yeraltı geçidi**	[jeraltı geʧidi]
cruzar, atravessar (vt)	**geçmek**	[geʧmek]
peão (m)	**yaya**	[jaja]
passeio (m)	**yaya kaldırımı**	[jaja kaldırımı]
ponte (f)	**köprü**	[køpry]
margem (f) do rio	**rıhtım**	[rıhtım]
fonte (f)	**çeşme**	[ʧeʃme]
alameda (f)	**park yolu**	[park jolu]
parque (m)	**park**	[park]
bulevar (m)	**bulvar**	[bulvar]
praça (f)	**meydan**	[mejdan]
avenida (f)	**geniş cadde**	[geniʃ ʤadde]
rua (f)	**sokak, cadde**	[sokak], [ʤadde]
travessa (f)	**ara sokak**	[ara sokak]
beco (m) sem saída	**çıkmaz sokak**	[ʧıkmaz sokak]
casa (f)	**ev**	[ev]
edifício, prédio (m)	**bina**	[bina]
arranha-céus (m)	**gökdelen**	[gøkdelen]
fachada (f)	**cephe**	[ʤephe]
telhado (m)	**çatı**	[ʧatı]

janela (f)	**pencere**	[pendʒere]
arco (m)	**kemer**	[kemer]
coluna (f)	**sütün**	[sytyn]
esquina (f)	**köşe**	[køʃe]
montra (f)	**vitrin**	[vitrin]
letreiro (m)	**levha**	[levha]
cartaz (m)	**afiş**	[afiʃ]
cartaz (m) publicitário	**reklam panosu**	[reklam panosu]
painel (m) publicitário	**reklam panosu**	[reklam panosu]
lixo (m)	**çöp**	[ʧøp]
cesta (f) do lixo	**çöp tenekesi**	[ʧøp tenekesi]
jogar lixo na rua	**çöp atmak**	[ʧøp atmak]
aterro (m) sanitário	**çöplük**	[ʧøplyk]
cabine (f) telefónica	**telefon kulübesi**	[telefon kylybesi]
candeeiro (m) de rua	**fener direği**	[fener direi]
banco (m)	**bank**	[bank]
polícia (m)	**erkek polis**	[erkek polis]
polícia (instituição)	**polis**	[polis]
mendigo (m)	**dilenci**	[dilendʒi]
sem-abrigo (m)	**evsiz**	[evsiz]

76. Instituições urbanas

loja (f)	**mağaza**	[maaza]
farmácia (f)	**eczane**	[edʒzane]
ótica (f)	**optik**	[optik]
centro (m) comercial	**alışveriş merkezi**	[alıʃveriʃ merkezi]
supermercado (m)	**süpermarket**	[sypermarket]
padaria (f)	**ekmekçi dükkânı**	[ekmekʧi dykkanı]
padeiro (m)	**fırıncı**	[fırındʒı]
pastelaria (f)	**pastane**	[pastane]
mercearia (f)	**bakkaliye**	[bakkalije]
talho (m)	**kasap dükkanı**	[kasap dykkanı]
loja (f) de legumes	**manav**	[manav]
mercado (m)	**çarşı**	[ʧarʃı]
café (m)	**kahvehane**	[kahvehane]
restaurante (m)	**restoran**	[restoran]
bar (m), cervejaria (f)	**birahane**	[birahane]
pizzaria (f)	**pizzacı**	[pizadʒı]
salão (m) de cabeleireiro	**kuaför salonu**	[kuafør salonu]
correios (m pl)	**postane**	[postane]
lavandaria (f)	**kuru temizleme**	[kuru temizleme]
estúdio (m) fotográfico	**fotoğraf stüdyosu**	[fotoraf stydjosu]
sapataria (f)	**ayakkabı mağazası**	[ajakkabı maazası]
livraria (f)	**kitabevi**	[kitabevi]

loja (f) de artigos de desporto	**spor mağazası**	[spor maazası]
reparação (f) de roupa	**elbise tamiri**	[elbise tamiri]
aluguer (m) de roupa	**giysi kiralama**	[gijsı kiralama]
aluguer (m) de filmes	**film kiralama**	[film kiralama]
circo (m)	**sirk**	[sirk]
jardim (m) zoológico	**hayvanat bahçesi**	[hajvanat bahʧesi]
cinema (m)	**sinema**	[sinema]
museu (m)	**müze**	[myze]
biblioteca (f)	**kütüphane**	[kytyphane]
teatro (m)	**tiyatro**	[tijatro]
ópera (f)	**opera**	[opera]
clube (m) noturno	**gece kulübü**	[geʤe kulyby]
casino (m)	**kazino**	[kazino]
mesquita (f)	**cami**	[ʤami]
sinagoga (f)	**sinagog**	[sinagog]
catedral (f)	**katedral**	[katedral]
templo (m)	**ibadethane**	[ibadethane]
igreja (f)	**kilise**	[kilise]
instituto (m)	**enstitü**	[enstity]
universidade (f)	**üniversite**	[yniversite]
escola (f)	**okul**	[okul]
prefeitura (f)	**belediye**	[beledije]
câmara (f) municipal	**belediye**	[beledije]
hotel (m)	**otel**	[otel]
banco (m)	**banka**	[banka]
embaixada (f)	**elçilik**	[elʧilik]
agência (f) de viagens	**seyahat acentesi**	[sejahat aʤentesi]
agência (f) de informações	**danışma bürosu**	[danıʃma byrosu]
casa (f) de câmbio	**döviz bürosu**	[døviz byrosu]
metro (m)	**metro**	[metro]
hospital (m)	**hastane**	[hastane]
posto (m) de gasolina	**benzin istasyonu**	[benzin istasjonu]
parque (m) de estacionamento	**park yeri**	[park jeri]

77. Transportes urbanos

autocarro (m)	**otobüs**	[otobys]
elétrico (m)	**tramvay**	[tramvaj]
troleicarro (m)	**troleybüs**	[trolejbys]
itinerário (m)	**rota**	[rota]
número (m)	**numara**	[numara]
ir de ... (carro, etc.)	**... gitmek**	[gitmek]
entrar (~ no autocarro)	**... binmek**	[binmek]
descer de ...	**... inmek**	[inmek]
paragem (f)	**durak**	[durak]

próxima paragem (f)	**sonraki durak**	[sonraki durak]
ponto (m) final	**son durak**	[son durak]
horário (m)	**tarife**	[tarife]
esperar (vt)	**beklemek**	[beklemek]
bilhete (m)	**bilet**	[bilet]
custo (m) do bilhete	**bilet fiyatı**	[bilet fijatı]
bilheteiro (m)	**kasiyer**	[kasijer]
controlo (m) dos bilhetes	**bilet kontrolü**	[bilet kontroly]
revisor (m)	**kondüktör**	[kondyktør]
atrasar-se (vr)	**gecikmek**	[gedʒikmek]
perder (o autocarro, etc.)	**... kaçırmak**	[katʃırmak]
estar com pressa	**acele etmek**	[adʒele etmek]
táxi (m)	**taksi**	[taksi]
taxista (m)	**taksici**	[taksidʒi]
de táxi (ir ~)	**taksiyle**	[taksijle]
praça (f) de táxis	**taksi durağı**	[taksi duraı]
chamar um táxi	**taksi çağırmak**	[taksi tʃaırmak]
apanhar um táxi	**taksi tutmak**	[taksi tutmak]
tráfego (m)	**trafik**	[trafik]
engarrafamento (m)	**trafik sıkışıklığı**	[trafik sıkıʃıklı:ı]
horas (f pl) de ponta	**bitirim ikili**	[bitirim ikili]
estacionar (vi)	**park etmek**	[park etmek]
estacionar (vt)	**park etmek**	[park etmek]
parque (m) de estacionamento	**park yeri**	[park jeri]
metro (m)	**metro**	[metro]
estação (f)	**istasyon**	[istasjon]
ir de metro	**metroya binmek**	[metroja binmek]
comboio (m)	**tren**	[tren]
estação (f)	**istasyon**	[istasjon]

78. Turismo

monumento (m)	**anıt**	[anıt]
fortaleza (f)	**kale**	[kale]
palácio (m)	**saray**	[saraj]
castelo (m)	**şato**	[ʃato]
torre (f)	**kule**	[kule]
mausoléu (m)	**anıtkabir**	[anıtkabir]
arquitetura (f)	**mimarlık**	[mimarlık]
medieval	**ortaçağ**	[ortatʃaa]
antigo	**antik, eski**	[antik], [eski]
nacional	**milli**	[milli]
conhecido	**meşhur**	[meʃhur]
turista (m)	**turist**	[turist]
guia (pessoa)	**rehber**	[rehber]
excursão (f)	**gezi**	[gezi]

mostrar (vt)	**göstermek**	[gøstermek]
contar (vt)	**anlatmak**	[anlatmak]
encontrar (vt)	**bulmak**	[bulmak]
perder-se (vr)	**kaybolmak**	[kajbolmak]
mapa (~ do metrô)	**şema**	[ʃema]
mapa (~ da cidade)	**plan**	[plan]
lembrança (f), presente (m)	**hediye**	[hedije]
loja (f) de presentes	**hediyelik eşya mağazası**	[hedijelik eʃja maazası]
fotografar (vt)	**fotoğraf çekmek**	[fotoraf ʧekmek]
fotografar-se	**fotoğraf çektirmek**	[fotoraf ʧektirmek]

79. Compras

comprar (vt)	**satın almak**	[satın almak]
compra (f)	**satın alınan şey**	[satın alınan ʃej]
fazer compras	**alışverişe gitmek**	[alıʃveriʃe gitmek]
compras (f pl)	**alışveriş**	[alıʃveriʃ]
estar aberta (loja, etc.)	**çalışmak**	[ʧalıʃmak]
estar fechada	**kapanmak**	[kapanmak]
calçado (m)	**ayakkabı**	[ajakkabı]
roupa (f)	**elbise**	[elbise]
cosméticos (m pl)	**kozmetik**	[kozmetik]
alimentos (m pl)	**gıda ürünleri**	[gıda jurynleri]
presente (m)	**hediye**	[hedije]
vendedor (m)	**satıcı**	[satıʤı]
vendedora (f)	**satıcı kadın**	[satıʤı kadın]
caixa (f)	**kasa**	[kasa]
espelho (m)	**ayna**	[ajna]
balcão (m)	**tezgâh**	[tezgjah]
cabine (f) de provas	**deneme kabini**	[deneme kabini]
provar (vt)	**prova yapmak**	[prova japmak]
servir (vi)	**uymak**	[ujmak]
gostar (apreciar)	**hoşlanmak**	[hoʃlanmak]
preço (m)	**fiyat**	[fijat]
etiqueta (f) de preço	**fiyat etiketi**	[fijat etiketleri]
custar (vt)	**değerinde olmak**	[deerinde olmak]
Quanto?	**Kaç?**	[kaʧ]
desconto (m)	**indirim**	[indirim]
não caro	**masrafsız**	[masrafsıs]
barato	**ucuz**	[uʤuz]
caro	**pahalı**	[pahalı]
É caro	**bu pahalıdır**	[bu pahalıdır]
aluguer (m)	**kira**	[kira]
alugar (vestidos, etc.)	**kiralamak**	[kiralamak]

crédito (m)	**kredi**	[kredi]
a crédito	**krediyle**	[kredijle]

80. Dinheiro

dinheiro (m)	**para**	[para]
câmbio (m)	**kambiyo**	[kambijo]
taxa (f) de câmbio	**kur**	[kur]
Caixa Multibanco (m)	**bankamatik**	[bankamatik]
moeda (f)	**para**	[para]
dólar (m)	**dolar**	[dolar]
euro (m)	**Euro**	[juro]
lira (f)	**liret**	[liret]
marco (m)	**Alman markı**	[alman markı]
franco (m)	**frank**	[frank]
libra (f) esterlina	**İngiliz sterlini**	[ingiliz sterlini]
iene (m)	**yen**	[jen]
dívida (f)	**borç**	[bortʃ]
devedor (m)	**borçlu**	[bortʃlu]
emprestar (vt)	**borç vermek**	[bortʃ vermek]
pedir emprestado	**borç almak**	[bortʃ almak]
banco (m)	**banka**	[banka]
conta (f)	**hesap**	[hesap]
depositar na conta	**para yatırmak**	[para jatırmak]
levantar (vt)	**hesaptan çekmek**	[hesaptan tʃekmek]
cartão (m) de crédito	**kredi kartı**	[kredi kartı]
dinheiro (m) vivo	**nakit para**	[nakit para]
cheque (m)	**çek**	[tʃek]
passar um cheque	**çek yazmak**	[tʃek jazmak]
livro (m) de cheques	**çek defteri**	[tʃek defteri]
carteira (f)	**cüzdan**	[dʒyzdan]
porta-moedas (m)	**para cüzdanı**	[para dʒyzdanı]
cofre (m)	**para kasası**	[para kasası]
herdeiro (m)	**mirasçı**	[mirastʃı]
herança (f)	**miras**	[miras]
fortuna (riqueza)	**varlık**	[varlık]
arrendamento (m)	**kira**	[kira]
renda (f) de casa	**ev kirası**	[ev kirası]
alugar (vt)	**kiralamak**	[kiralamak]
preço (m)	**fiyat**	[fijat]
custo (m)	**maliyet**	[malijet]
soma (f)	**toplam**	[toplam]
gastar (vt)	**harcamak**	[hardʒamak]
gastos (m pl)	**masraflar**	[masraflar]

economizar (vi)	**idareli kullanmak**	[idareli kullanmak]
económico	**tutumlu**	[tutumlu]
pagar (vt)	**ödemek**	[ødemek]
pagamento (m)	**ödeme**	[ødeme]
troco (m)	**para üstü**	[para justy]
imposto (m)	**vergi**	[vergi]
multa (f)	**ceza**	[ʤeza]
multar (vt)	**ceza kesmek**	[ʤeza kesmek]

81. Correios. Serviço postal

correios (m pl)	**postane**	[postane]
correio (m)	**posta**	[posta]
carteiro (m)	**postacı**	[postaʤı]
horário (m)	**çalışma saatleri**	[ʧalıʃma saatleri]
carta (f)	**mektup**	[mektup]
carta (f) registada	**taahhütlü mektup**	[ta:hhytly mektup]
postal (m)	**kart**	[kart]
telegrama (m)	**telgraf**	[telgraf]
encomenda (f) postal	**koli**	[koli]
remessa (f) de dinheiro	**para havalesi**	[para havalesi]
receber (vt)	**almak**	[almak]
enviar (vt)	**göndermek**	[gøndermek]
envio (m)	**gönderme**	[gønderme]
endereço (m)	**adres**	[adres]
código (m) postal	**endeks, indeks**	[endeks], [indeks]
remetente (m)	**gönderen**	[gønderen]
destinatário (m)	**alıcı**	[alıʤı]
nome (m)	**ad, isim**	[ad], [isim]
apelido (m)	**soyadı**	[sojadı]
tarifa (f)	**tarife**	[tarife]
ordinário	**normal**	[normal]
económico	**ekonomik**	[ekonomik]
peso (m)	**ağırlık**	[aırlık]
pesar (estabelecer o peso)	**tartmak**	[tartmak]
envelope (m)	**zarf**	[zarf]
selo (m)	**pul**	[pul]

Moradia. Casa. Lar

82. Casa. Habitação

casa (f)	**ev**	[ev]
em casa	**evde**	[evde]
pátio (m)	**avlu**	[avlu]
cerca (f)	**parmaklık**	[parmaklık]
tijolo (m)	**tuğla**	[tuula]
de tijolos	**tuğla**	[tuula]
pedra (f)	**taş**	[taʃ]
de pedra	**taş, taştan**	[taʃ], [taʃtan]
betão (m)	**beton**	[beton]
de betão	**beton**	[beton]
novo	**yeni**	[jeni]
velho	**eski**	[eski]
decrépito	**bakımsız, harap**	[bakımsız], [harap]
moderno	**modern**	[modern]
de muitos andares	**çok katlı**	[ʧok katlı]
alto	**yüksek**	[juksek]
andar (m)	**kat**	[kat]
de um andar	**tek katlı**	[tek katlı]
andar (m) de baixo	**alt kat**	[alt kat]
andar (m) de cima	**üst kat**	[yst kat]
telhado (m)	**çatı**	[ʧatı]
chaminé (f)	**baca**	[baʤa]
telha (f)	**kiremit**	[kiremit]
de telha	**kiremitli**	[kiremitli]
sótão (m)	**çatı arası**	[ʧatı arası]
janela (f)	**pencere**	[penʤere]
vidro (m)	**cam**	[ʤam]
parapeito (m)	**pencere kenarı**	[penʤere kenarı]
portadas (f pl)	**kepenk**	[kepenk]
parede (f)	**duvar**	[duvar]
varanda (f)	**balkon**	[balkon]
tubo (m) de queda	**yağmur borusu**	[jaamur borusu]
em cima	**yukarıda**	[jukarıda]
subir (~ as escadas)	**üst kata çıkmak**	[yst kata ʧıkmak]
descer (vi)	**aşağı inmek**	[aʃaı inmek]
mudar-se (vr)	**taşınmak**	[taʃınmak]

83. Casa. Entrada. Elevador

entrada (f)	**giriş**	[giriʃ]
escada (f)	**merdiven**	[merdiven]
degraus (m pl)	**basamaklar**	[basamaklar]
corrimão (m)	**korkuluk**	[korkuluk]
hall (m) de entrada	**hol**	[hol]
caixa (f) de correio	**posta kutusu**	[posta kutusu]
caixote (m) do lixo	**çöp tenekesi**	[ʧøp tenekesi]
conduta (f) do lixo	**çöp bacası**	[ʧøp badʒası]
elevador (m)	**asansör**	[asansør]
elevador (m) de carga	**yük asansörü**	[juk asansøry]
cabine (f)	**asansör kabini**	[asansør kabini]
pegar o elevador	**asansöre binmek**	[asansørle binmek]
apartamento (m)	**daire**	[daire]
moradores (m pl)	**oturanlar**	[oturanlar]
vizinho (m)	**komşu**	[komʃu]
vizinha (f)	**komşu**	[komʃu]
vizinhos (pl)	**komşular**	[komʃular]

84. Casa. Portas. Fechaduras

porta (f)	**kapı**	[kapı]
portão (m)	**bahçe kapısı**	[bahʧe kapısı]
maçaneta (f)	**kol**	[kol]
destrancar (vt)	**sürgüyü açmak**	[syrgyju aʧmak]
abrir (vt)	**açmak**	[aʧmak]
fechar (vt)	**kapamak**	[kapamak]
chave (f)	**anahtar**	[anahtar]
molho (m)	**anahtarlık**	[anahtarlık]
ranger (vi)	**gıcırdamak**	[gıdʒırdamak]
rangido (m)	**gıcırtı**	[gıdʒırtı]
dobradiça (f)	**menteşe**	[menteʃe]
tapete (m) de entrada	**paspas**	[paspas]
fechadura (f)	**kilit**	[kilit]
buraco (m) da fechadura	**anahtar deliği**	[anahtar deli:i]
ferrolho (m)	**kapı sürgüsü**	[kapı syrgysy]
fecho (ferrolho pequeno)	**sürme**	[syrme]
cadeado (m)	**asma kilit**	[asma kilit]
tocar (vt)	**zil çalmak**	[zil ʧalmak]
toque (m)	**zil sesi**	[zil sesi]
campainha (f)	**zil**	[zil]
botão (m)	**düğme**	[dyjme]
batida (f)	**kapıyı çalma**	[kapıjı ʧalma]
bater (vi)	**kapıyı çalmak**	[kapıjı ʧalmak]
código (m)	**kod**	[kod]
fechadura (f) de código	**şifreli kilit**	[ʃifreli kilit]

telefone (m) de porta	**kapı telefonu**	[kapı telefonu]
número (m)	**numara**	[numara]
placa (f) de porta	**levha**	[levha]
vigia (f), olho (m) mágico	**kapı gözü**	[kapı gøzy]

85. Casa de campo

aldeia (f)	**köy**	[køj]
horta (f)	**sebze bahçesi**	[sebze bahʧesi]
cerca (f)	**duvar**	[duvar]
paliçada (f)	**çit**	[ʧit]
cancela (f) do jardim	**çit, bahçe kapısı**	[ʧit], [bahʧe kapısı]
celeiro (m)	**tahıl ambarı**	[tahıl ambarı]
adega (f)	**mahzen**	[mahzen]
galpão, barracão (m)	**kulübe**	[kulybe]
poço (m)	**kuyu**	[kuju]
fogão (m)	**soba**	[soba]
atiçar o fogo	**yakmak**	[jakmak]
lenha (carvão ou ~)	**yakacak odun**	[jakaʤak odun]
acha (lenha)	**odun**	[odun]
varanda (f)	**veranda**	[veranda]
alpendre (m)	**teras**	[teras]
degraus (m pl) de entrada	**eşik**	[eʃik]
balouço (m)	**salıncak**	[salınʤak]

86. Castelo. Palácio

castelo (m)	**şato**	[ʃato]
palácio (m)	**saray**	[saraj]
fortaleza (f)	**kale**	[kale]
muralha (f)	**kale duvarı**	[kale duvarı]
torre (f)	**kule**	[kule]
calabouço (m)	**ana kule**	[ana kule]
grade (f) levadiça	**kale kapısı**	[kale kapısı]
passagem (f) subterrânea	**yeraltı yolu**	[jeraltı jolu]
fosso (m)	**hendek**	[hendek]
corrente, cadeia (f)	**zincir**	[zinʤir]
seteira (f)	**mazgal**	[mazgal]
magnífico	**muhteşem**	[muhteʃem]
majestoso	**azametli**	[azametli]
inexpugnável	**fethedilmez**	[fethedilmez]
medieval	**ortaçağ**	[ortaʧaa]

87. Apartamento

apartamento (m)	**daire**	[daire]
quarto (m)	**oda**	[oda]
quarto (m) de dormir	**yatak odası**	[jatak odası]
sala (f) de jantar	**yemek odası**	[jemek odası]
sala (f) de estar	**misafir odası**	[misafir odası]
escritório (m)	**çalışma odası**	[ʧalıʃma odası]
antessala (f)	**antre**	[antre]
quarto (m) de banho	**banyo odası**	[banjo odası]
toilette (lavabo)	**tuvalet**	[tuvalet]
teto (m)	**tavan**	[tavan]
chão, soalho (m)	**taban, yer**	[taban], [jer]
canto (m)	**köşesi**	[køʃesi]

88. Apartamento. Limpeza

arrumar, limpar (vt)	**toplamak**	[toplamak]
guardar (no armário, etc.)	**istiflemek**	[istiflemek]
pó (m)	**toz**	[toz]
empoeirado	**tozlu**	[tozlu]
limpar o pó	**toz almak**	[toz almak]
aspirador (m)	**elektrik süpürgesi**	[elektrik sypyrgesi]
aspirar (vt)	**elektrik süpürgesi ile süpürmek**	[elektrik sypyrgesi ile sypyrmek]
varrer (vt)	**süpürmek**	[sypyrmek]
sujeira (f)	**süprüntü**	[syprynty]
arrumação (f), ordem (f)	**düzen**	[dyzen]
desordem (f)	**karışıklık**	[karıʃıklık]
esfregão (m)	**paspas**	[paspas]
pano (m), trapo (m)	**bez**	[bez]
vassoura (f)	**süpürge**	[sypyrge]
pá (f) de lixo	**faraş**	[faraʃ]

89. Mobiliário. Interior

mobiliário (m)	**mobilya**	[mobilja]
mesa (f)	**masa**	[masa]
cadeira (f)	**sandalye**	[sandalje]
cama (f)	**yatak**	[jatak]
divã (m)	**kanape**	[kanape]
cadeirão (m)	**koltuk**	[koltuk]
estante (f)	**kitaplık**	[kitaplık]
prateleira (f)	**kitap rafı**	[kitap rafı]
guarda-vestidos (m)	**elbise dolabı**	[elbise dolabı]
cabide (m) de parede	**duvar askısı**	[duvar askısı]

cabide (m) de pé	**portmanto**	[portmanto]
cómoda (f)	**komot**	[komot]
mesinha (f) de centro	**sehpa**	[sehpa]
espelho (m)	**ayna**	[ajna]
tapete (m)	**halı**	[halı]
tapete (m) pequeno	**kilim**	[kilim]
lareira (f)	**şömine**	[ʃømine]
vela (f)	**mum**	[mum]
castiçal (m)	**mumluk**	[mumluk]
cortinas (f pl)	**perdeler**	[perdler]
papel (m) de parede	**duvar kağıdı**	[duvar kaıdı]
estores (f pl)	**jaluzi**	[ʒalyzi]
candeeiro (m) de mesa	**masa lambası**	[masa lambası]
candeeiro (m) de parede	**lamba**	[lamba]
candeeiro (m) de pé	**ayaklı lamba**	[ajaklı lamba]
lustre (m)	**avize**	[avize]
pé (de mesa, etc.)	**ayak**	[ajak]
braço (m)	**kol**	[kol]
costas (f pl)	**arkalık**	[arkalık]
gaveta (f)	**çekmece**	[ʧekmeʤe]

90. Quarto de dormir

roupa (f) de cama	**çamaşır**	[ʧamaʃır]
almofada (f)	**yastık**	[jastık]
fronha (f)	**yastık kılıfı**	[jastık kılıfı]
cobertor (m)	**battaniye**	[battanije]
lençol (m)	**çarşaf**	[ʧarʃaf]
colcha (f)	**örtü**	[ørty]

91. Cozinha

cozinha (f)	**mutfak**	[mutfak]
gás (m)	**gaz**	[gaz]
fogão (m) a gás	**gaz sobası**	[gaz sobası]
fogão (m) elétrico	**elektrik ocağı**	[elektrik oʤaı]
forno (m)	**fırın**	[fırın]
forno (m) de micro-ondas	**mikrodalga fırın**	[mikrodalga fırın]
frigorífico (m)	**buzdolabı**	[buzdolabı]
congelador (m)	**derin dondurucu**	[derin donduruʤu]
máquina (f) de lavar louça	**bulaşık makinesi**	[bulaʃık makinesi]
moedor (m) de carne	**kıyma makinesi**	[kıjma makinesi]
espremedor (m)	**meyve sıkacağı**	[mejve sıkaʤaı]
torradeira (f)	**tost makinesi**	[tost makinesi]
batedeira (f)	**mikser**	[mikser]

máquina (f) de café	**kahve makinesi**	[kahve makinesi]
cafeteira (f)	**cezve**	[dʒezve]
moinho (m) de café	**kahve değirmeni**	[kahve deirmeni]
chaleira (f)	**çaydanlık**	[ʧajdanlık]
bule (m)	**demlik**	[demlik]
tampa (f)	**kapak**	[kapak]
coador (m) de chá	**süzgeci**	[syzgedʒi]
colher (f)	**kaşık**	[kaʃık]
colher (f) de chá	**çay kaşığı**	[ʧaj kaʃı:ı]
colher (f) de sopa	**yemek kaşığı**	[jemek kaʃı:ı]
garfo (m)	**çatal**	[ʧatal]
faca (f)	**bıçak**	[bıʧak]
louça (f)	**mutfak gereçleri**	[mutfak gereʧleri]
prato (m)	**tabak**	[tabak]
pires (m)	**fincan tabağı**	[findʒan tabaı]
cálice (m)	**kadeh**	[kade]
copo (m)	**bardak**	[bardak]
chávena (f)	**fincan**	[findʒan]
açucareiro (m)	**şekerlik**	[ʃekerlik]
saleiro (m)	**tuzluk**	[tuzluk]
pimenteiro (m)	**biberlik**	[biberlik]
manteigueira (f)	**tereyağı tabağı**	[terejaı tabaı]
panela, caçarola (f)	**tencere**	[tendʒere]
frigideira (f)	**tava**	[tava]
concha (f)	**kepçe**	[kepʧe]
passador (m)	**süzgeç**	[syzgeʧ]
bandeja (f)	**tepsi**	[tepsi]
garrafa (f)	**şişe**	[ʃiʃe]
boião (m) de vidro	**kavanoz**	[kavanoz]
lata (f)	**teneke**	[teneke]
abre-garrafas (m)	**şişe açacağı**	[ʃiʃe aʧadʒaı]
abre-latas (m)	**konserve açacağı**	[konserve aʧadʒaı]
saca-rolhas (m)	**tirbuşon**	[tirbyʃon]
filtro (m)	**filtre**	[filtre]
filtrar (vt)	**filtre etmek**	[filtre etmek]
lixo (m)	**çöp**	[ʧøp]
balde (m) do lixo	**çöp kovası**	[ʧøp kovası]

92. Casa de banho

quarto (m) de banho	**banyo odası**	[banjo odası]
água (f)	**su**	[su]
torneira (f)	**musluk**	[musluk]
água (f) quente	**sıcak su**	[sıdʒak su]
água (f) fria	**soğuk su**	[souk su]

pasta (f) de dentes	**diş macunu**	[diʃ madʒunu]
escovar os dentes	**dişlerini fırçalamak**	[diʃlerini fırtʃalamak]
escova (f) de dentes	**diş fırçası**	[diʃ fırtʃası]
barbear-se (vr)	**tıraş olmak**	[tıraʃ olmak]
espuma (f) de barbear	**tıraş köpüğü**	[tıraʃ køpyy]
máquina (f) de barbear	**jilet**	[ʒilet]
lavar (vt)	**yıkamak**	[jıkamak]
lavar-se (vr)	**yıkanmak**	[jıkanmak]
duche (m)	**duş**	[duʃ]
tomar um duche	**duş almak**	[duʃ almak]
banheira (f)	**banyo**	[banjo]
sanita (f)	**klozet**	[klozet]
lavatório (m)	**küvet**	[kyvet]
sabonete (m)	**sabun**	[sabun]
saboneteira (f)	**sabunluk**	[sabunluk]
esponja (f)	**sünger**	[synger]
champô (m)	**şampuan**	[ʃampuan]
toalha (f)	**havlu**	[havlu]
roupão (m) de banho	**bornoz**	[bornoz]
lavagem (f)	**çamaşır yıkama**	[tʃamaʃır jıkama]
máquina (f) de lavar	**çamaşır makinesi**	[tʃamaʃır makinesi]
lavar a roupa	**çamaşırları yıkamak**	[tʃamaʃırları jıkamak]
detergente (m)	**çamaşır deterjanı**	[tʃamaʃır deterʒanı]

93. Eletrodomésticos

televisor (m)	**televizyon**	[televizjon]
gravador (m)	**teyp**	[tejp]
videogravador (m)	**video**	[video]
rádio (m)	**radyo**	[radjo]
leitor (m)	**çalar**	[tʃalar]
projetor (m)	**projeksiyon makinesi**	[proʒeksion makinesi]
cinema (m) em casa	**ev sinema**	[evj sinema]
leitor (m) de DVD	**DVD oynatıcı**	[dividi ojnatıdʒı]
amplificador (m)	**amplifikatör**	[amplifikatør]
console (f) de jogos	**oyun konsolu**	[ojun konsolu]
câmara (f) de vídeo	**video kamera**	[videokamera]
máquina (f) fotográfica	**fotoğraf makinesi**	[fotoraf makinesi]
câmara (f) digital	**dijital fotoğraf makinesi**	[diʒital fotoraf makinesi]
aspirador (m)	**elektrik süpürgesi**	[elektrik sypyrgesi]
ferro (m) de engomar	**ütü**	[yty]
tábua (f) de engomar	**ütü masası**	[yty masası]
telefone (m)	**telefon**	[telefon]
telemóvel (m)	**cep telefonu**	[dʒep telefonu]

máquina (f) de escrever	**daktilo**	[daktilo]
máquina (f) de costura	**dikiş makinesi**	[dikiʃ makinesi]
microfone (m)	**mikrofon**	[mikrofon]
auscultadores (m pl)	**kulaklık**	[kulaklık]
controlo remoto (m)	**uzaktan kumanda**	[uzaktan kumanda]
CD (m)	**CD**	[sidi]
cassete (f)	**teyp kaseti**	[tejp kaseti]
disco (m) de vinil	**vinil plak**	[vinil plak]

94. Reparações. Renovação

renovação (f)	**tamirat**	[tamirat]
renovar (vt), fazer obras	**tamir etmek**	[tamir etmek]
reparar (vt)	**onarmak**	[onarmak]
consertar (vt)	**düzene sokmak**	[dyzene sokmak]
refazer (vt)	**yeniden yapmak**	[jeniden japmak]
tinta (f)	**boya**	[boja]
pintar (vt)	**boyamak**	[bojamak]
pintor (m)	**boyacı**	[bojadʒı]
pincel (m)	**fırça**	[fırtʃa]
cal (f)	**badana**	[badana]
caiar (vt)	**badanalamak**	[badanalamak]
papel (m) de parede	**duvar kağıdı**	[duvar kaıdı]
colocar papel de parede	**duvar kağıdı yapıştırmak**	[duvar kaıdı japıʃtırmak]
verniz (m)	**vernik**	[vernik]
envernizar (vt)	**vernik sürmek**	[vernik syrmek]

95. Canalizações

água (f)	**su**	[su]
água (f) quente	**sıcak su**	[sıdʒak su]
água (f) fria	**soğuk su**	[souk su]
torneira (f)	**musluk**	[musluk]
gota (f)	**damla**	[damla]
gotejar (vi)	**damlamak**	[damlamak]
vazar (vt)	**sızıntı yapmak**	[sızıntı japmak]
vazamento (m)	**sızıntı**	[sızıntı]
poça (f)	**su birikintisi**	[su birikintisi]
tubo (m)	**boru**	[boru]
válvula (f)	**valf**	[valf]
entupir-se (vr)	**tıkanmak**	[tıkanmak]
ferramentas (f pl)	**aletler**	[aletler]
chave (f) inglesa	**açma anahtarı**	[atʃma anahtarı]
desenroscar (vt)	**sökmek**	[søkmek]

enroscar (vt)	**vidalamak**	[vidalamak]
desentupir (vt)	**temizlemek**	[temizlemek]
canalizador (m)	**tesisatçı**	[tesisatʧı]
cave (f)	**bodrum**	[bodrum]
sistema (m) de esgotos	**kanalizasyon**	[kanalizasjon]

96. Fogo. Deflagração

incêndio (m)	**ateş**	[ateʃ]
chama (f)	**alev**	[alev]
faísca (f)	**kıvılcım**	[kıvılʤım]
fumo (m)	**duman**	[duman]
tocha (f)	**kundak**	[kundak]
fogueira (f)	**kamp ateşi**	[kamp ateʃi]
gasolina (f)	**benzin**	[benzin]
querosene (m)	**gaz yağı**	[gaz jaı]
inflamável	**yanar**	[janar]
explosivo	**patlayıcı**	[patlajıʤı]
PROIBIDO FUMAR!	**SİGARA İÇİLMEZ**	[sigara iʧilmez]
segurança (f)	**emniyet**	[emnijet]
perigo (m)	**tehlike**	[tehlike]
perigoso	**tehlikeli**	[tehlikeli]
incendiar-se (vr)	**ateş almak**	[ateʃ almak]
explosão (f)	**patlama**	[patlama]
incendiar (vt)	**yangın çıkarmak**	[jangın ʧıkarmak]
incendiário (m)	**kundakçı**	[kundakʧı]
incêndio (m) criminoso	**kundakçılık**	[kundakʧılık]
arder (vi)	**alevlenmek**	[alevlenmek]
queimar (vi)	**yanmak**	[janmak]
queimar tudo (vi)	**yakıp kül etmek**	[jakıp kyl etmek]
bombeiro (m)	**itfaiyeci**	[itfajeʤi]
carro (m) de bombeiros	**itfaiye arabası**	[itfaje arabası]
corpo (m) de bombeiros	**itfaiye**	[itfaje]
escada (f) extensível	**yangın merdiveni**	[jangın merdivenı]
mangueira (f)	**hortum**	[hortum]
extintor (m)	**yangın tüpü**	[jangın typy]
capacete (m)	**baret**	[baret]
sirene (f)	**siren**	[siren]
gritar (vi)	**bağırmak**	[baırmak]
chamar por socorro	**imdat istemek**	[imdat istemek]
salvador (m)	**cankurtaran**	[ʤankurtaran]
salvar, resgatar (vt)	**kurtarmak**	[kurtarmak]
chegar (vi)	**gelmek**	[gelmek]
apagar (vt)	**söndürmek**	[søndyrmek]
água (f)	**su**	[su]
areia (f)	**kum**	[kum]

ruínas (f pl)	**harabeler**	[harabeler]
ruir (vi)	**yıkılmak**	[jıkılmak]
desmoronar (vi)	**aşağı düşmek**	[aʃaı dyʃmek]
desabar (vi)	**çökmek**	[ʧøkmek]
fragmento (m)	**kırıntı**	[kırıntı]
cinza (f)	**kül**	[kyl]
sufocar (vi)	**boğulmak**	[boulmak]
perecer (vi)	**ölmek**	[ølmek]

ATIVIDADES HUMANAS

Emprego. Negócios. Parte 1

97. Banca

banco (m)	**banka**	[banka]
sucursal, balcão (f)	**banka şubesi**	[banka ʃubesı]
consultor (m)	**danışman**	[danıʃman]
gerente (m)	**yönetici**	[jønetiʤi]
conta (f)	**hesap**	[hesap]
número (m) da conta	**hesap numarası**	[hesap numarası]
conta (f) corrente	**çek hesabı**	[ʧek hesabı]
conta (f) poupança	**mevduat hesabı**	[mevduat hesabı]
abrir uma conta	**hesap açmak**	[hesap aʧmak]
fechar uma conta	**hesap kapatmak**	[hesap kapatmak]
depositar na conta	**para yatırmak**	[para jatırmak]
levantar (vt)	**hesaptan çekmek**	[hesaptan ʧekmek]
depósito (m)	**mevduat**	[mevduat]
fazer um depósito	**depozito vermek**	[depozito vermek]
transferência (f) bancária	**havale**	[havale]
transferir (vt)	**havale etmek**	[havale etmek]
soma (f)	**toplam**	[toplam]
Quanto?	**Kaç?**	[kaʧ]
assinatura (f)	**imza**	[imza]
assinar (vt)	**imzalamak**	[imzalamak]
cartão (m) de crédito	**kredi kartı**	[kredi kartı]
código (m)	**kod**	[kod]
número (m) do cartão de crédito	**kredi kartı numarası**	[kredi kartı numarası]
Caixa Multibanco (m)	**bankamatik**	[bankamatik]
cheque (m)	**çek**	[ʧek]
passar um cheque	**çek yazmak**	[ʧek jazmak]
livro (m) de cheques	**çek defteri**	[ʧek defteri]
empréstimo (m)	**kredi**	[kredi]
pedir um empréstimo	**krediye başvurmak**	[kredije baʃvurmak]
obter um empréstimo	**kredi almak**	[kredi almak]
conceder um empréstimo	**kredi vermek**	[kredi vermek]
garantia (f)	**garanti**	[garanti]

98. Telefone. Conversação telefónica

telefone (m)	**telefon**	[telefon]
telemóvel (m)	**cep telefonu**	[ʤep telefonu]
secretária (f) electrónica	**telesekreter**	[telesekreter]
fazer uma chamada	**telefonla aramak**	[telefonla aramak]
chamada (f)	**arama, görüşme**	[arama], [gøryʃme]
marcar um número	**numarayı aramak**	[numarajı aramak]
Alô!	**Alo!**	[alø]
perguntar (vt)	**sormak**	[sormak]
responder (vt)	**cevap vermek**	[ʤevap vermek]
ouvir (vt)	**duymak**	[dujmak]
bem	**iyi**	[iji]
mal	**kötü**	[køty]
ruído (m)	**parazit**	[parazit]
auscultador (m)	**telefon ahizesi**	[telefon ahizesi]
pegar o telefone	**açmak telefonu**	[aʧmak telefonu]
desligar (vi)	**telefonu kapatmak**	[telefonu kapatmak]
ocupado	**meşgul**	[meʃgul]
tocar (vi)	**çalmak**	[ʧalmak]
lista (f) telefónica	**telefon rehberi**	[telefon rehberi]
local	**şehiriçi**	[ʃehiriʧi]
chamada (f) local	**şehiriçi görüşme**	[ʃehiriʧi gøryʃme]
de longa distância	**şehirlerarası**	[ʃehirlerarası]
chamada (f) de longa distância	**şehirlerarası görüşme**	[ʃehirlerarası gøryʃme]
internacional	**uluslararası**	[uluslar arası]
chamada (f) internacional	**uluslararası görüşme**	[uluslararası gøryʃme]

99. Telefone móvel

telemóvel (m)	**cep telefonu**	[ʤep telefonu]
ecrã (m)	**ekran**	[ekran]
botão (m)	**düğme**	[dyjme]
cartão SIM (m)	**SIM kartı**	[sim kartı]
bateria (f)	**pil**	[pil]
descarregar-se	**bitmek**	[bitmek]
carregador (m)	**şarj cihazı**	[ʃarʒ ʤihazı]
menu (m)	**menü**	[meny]
definições (f pl)	**ayarlar**	[ajarlar]
melodia (f)	**melodi**	[melodi]
escolher (vt)	**seçmek**	[seʧmek]
calculadora (f)	**hesaplamalar**	[hesaplamanar]
correio (m) de voz	**söz postası**	[søz postası]

despertador (m)	**çalar saat**	[ʧalar saat]
contatos (m pl)	**rehber**	[rehber]
mensagem (f) de texto	**SMS mesajı**	[esemes mesaʒı]
assinante (m)	**abone**	[abone]

100. Estacionário

caneta (f)	**tükenmez kalem**	[tykenmez kalem]
caneta (f) tinteiro	**dolma kalem**	[dolma kalem]
lápis (m)	**kurşun kalem**	[kurʃun kalem]
marcador (m)	**fosforlu kalem**	[fosforlu kalem]
caneta (f) de feltro	**keçeli kalem**	[keʧeli kalem]
bloco (m) de notas	**not defteri**	[not defteri]
agenda (f)	**ajanda**	[aʒanda]
régua (f)	**cetvel**	[ʤetvel]
calculadora (f)	**hesap makinesi**	[hesap makinesi]
borracha (f)	**silgi**	[silgi]
pionés (m)	**raptiye**	[raptije]
clipe (m)	**ataş**	[ataʃ]
cola (f)	**yapıştırıcı**	[japıʃtırıʤı]
agrafador (m)	**zımba**	[zımba]
furador (m)	**delgeç**	[delgeʧ]
afia-lápis (m)	**kalemtıraş**	[kalem tıraʃ]

Emprego. Negócios. Parte 2

101. Media

jornal (m)	**gazete**	[gazete]
revista (f)	**dergi**	[dergi]
imprensa (f)	**basın**	[basın]
rádio (m)	**radyo**	[radjo]
estação (f) de rádio	**radyo istasyonu**	[radjo istasjonu]
televisão (f)	**televizyon**	[televizjon]
apresentador (m)	**sunucu**	[sunudʒu]
locutor (m)	**spiker**	[spiker]
comentador (m)	**yorumcu**	[jorumdʒu]
jornalista (m)	**gazeteci**	[gazetedʒi]
correspondente (m)	**muhabir**	[muhabir]
repórter (m) fotográfico	**foto muhabiri**	[foto muhabirli:]
repórter (m)	**muhabir**	[muhabir]
redator (m)	**editör**	[editør]
redator-chefe (m)	**baş editör**	[baʃ editør]
assinar a ...	**abone olmak**	[abone olmak]
assinatura (f)	**abonelik**	[abonelik]
assinante (m)	**abone**	[abone]
ler (vt)	**okumak**	[okumak]
leitor (m)	**okur**	[okur]
tiragem (f)	**tiraj**	[tiraʒ]
mensal	**aylık**	[ajlık]
semanal	**haftalık**	[haftalık]
número (jornal, revista)	**numara**	[numara]
recente	**son**	[son]
manchete (f)	**başlık**	[baʃlık]
pequeno artigo (m)	**kısa makale**	[kısa makale]
coluna (~ semanal)	**köşe yazısı**	[køʃe jazısı]
artigo (m)	**makale**	[makale]
página (f)	**sayfa**	[sajfa]
reportagem (f)	**röportaj**	[røportaʒ]
evento (m)	**olay**	[olaj]
sensação (f)	**sansasyon**	[sansasjon]
escândalo (m)	**skandal**	[skandal]
escandaloso	**rezil, utanılacak**	[rezil], [utanıladʒak]
grande	**büyük**	[byjuk]
programa (m) de TV	**yayın**	[jajın]
entrevista (f)	**mülakat**	[mylakat]

transmissão (f) em direto	**canlı yayın**	[ʤanlı jajın]
canal (m)	**kanal**	[kanal]

102. Agricultura

agricultura (f)	**tarım**	[tarım]
camponês (m)	**köylü**	[køjly]
camponesa (f)	**köylü kadın**	[køjly kadın]
agricultor (m)	**çiftçi**	[ʧiftʧi]
trator (m)	**traktör**	[traktør]
ceifeira-debulhadora (f)	**biçerdöver**	[biʧerdøver]
arado (m)	**saban**	[saban]
arar (vt)	**sürmek**	[syrmek]
campo (m) lavrado	**sürülmüş tarla**	[syrylmyʃ tarla]
rego (m)	**saban izi**	[saban izi]
semear (vt)	**ekmek**	[ekmek]
semeadora (f)	**ekme makinesi**	[ekme makinesi]
semeadura (f)	**ekme**	[ekme]
gadanha (f)	**tırpan**	[tırpan]
gadanhar (vt)	**tırpanlamak**	[tırpanlamak]
pá (f)	**kürek**	[kyrek]
cavar (vt)	**kazmak**	[kazmak]
enxada (f)	**çapa**	[ʧapa]
carpir (vt)	**çapalamak**	[ʧapalamak]
erva (f) daninha	**yabani ot**	[jabani ot]
regador (m)	**bahçe kovası**	[bahʧe kovası]
regar (vt)	**sulamak**	[sulamak]
rega (f)	**sulama**	[sulama]
forquilha (f)	**dirgen**	[dirgen]
ancinho (m)	**tırmık**	[tırmık]
fertilizante (m)	**gübre**	[gybre]
fertilizar (vt)	**gübrelemek**	[gybrelemek]
estrume (m)	**gübre**	[gybre]
campo (m)	**tarla**	[tarla]
prado (m)	**çayırlık**	[ʧajırlık]
horta (f)	**sebze bahçesi**	[sebze bahʧesi]
pomar (m)	**meyve bahçesi**	[mejve bahʧesi]
pastar (vt)	**otlamak**	[otlamak]
pastor (m)	**çoban**	[ʧoban]
pastagem (f)	**otlak**	[otlak]
pecuária (f)	**hayvancılık**	[hajvanʤılık]
criação (f) de ovelhas	**koyun yetiştirme**	[kojun jetiʃtirme]

plantação (f)	**plantasyon**	[plantasjon]
canteiro (m)	**tahta**	[tahta]
invernadouro (m)	**sera**	[sera]
seca (f)	**kuraklık**	[kuraklık]
seco (verão ~)	**kurak**	[kurak]
cereal (m)	**tahıl**	[tahıl]
cereais (m pl)	**buğdaygiller**	[buudajgiller]
colher (vt)	**hasat yapmak**	[hasat japmak]
moleiro (m)	**değirmenci**	[deirmendʒi]
moinho (m)	**değirmen**	[deirmen]
moer (vt)	**öğütmek**	[øjutmek]
farinha (f)	**un**	[un]
palha (f)	**saman**	[saman]

103. Construção. Processo de construção

canteiro (m) de obras	**inşaat alanı**	[inʃaat alanı]
construir (vt)	**inşa etmek**	[inʃa etmek]
construtor (m)	**inşaat işçisi**	[inʃaat iʃʧisı]
projeto (m)	**proje**	[proʒe]
arquiteto (m)	**mimar**	[mimar]
operário (m)	**işçi**	[iʃʧi]
fundação (f)	**temel**	[temel]
telhado (m)	**çatı**	[ʧatı]
estaca (f)	**kazık**	[kazık]
parede (f)	**duvar**	[duvar]
varões (m pl) para betão	**beton demiri**	[beton demiri]
andaime (m)	**yapı iskelesi**	[japı iskelesi]
betão (m)	**beton**	[beton]
granito (m)	**granit**	[granit]
pedra (f)	**taş**	[taʃ]
tijolo (m)	**tuğla**	[tuula]
areia (f)	**kum**	[kum]
cimento (m)	**çimento**	[ʧimento]
emboço (m)	**sıva**	[sıva]
emboçar (vt)	**sıvalamak**	[sıvalamak]
tinta (f)	**boya**	[boja]
pintar (vt)	**boyamak**	[bojamak]
barril (m)	**varil**	[varil]
grua (f), guindaste (m)	**vinç**	[vinʧ]
erguer (vt)	**kaldırmak**	[kaldırmak]
baixar (vt)	**indirmek**	[indirmek]
buldózer (m)	**buldozer**	[buldozer]
escavadora (f)	**ekskavatör**	[ekskavatør]

caçamba (f)	**kepçe**	[keptʃe]
escavar (vt)	**kazmak**	[kazmak]
capacete (m) de proteção	**baret, kask**	[baret], [kask]

Profissões e ocupações

104. Procura de emprego. Demissão

trabalho (m)	**iş**	[iʃ]
equipa (f)	**kadro**	[kadro]
pessoal (m)	**personel**	[personel]
carreira (f)	**kariyer**	[karjer]
perspetivas (f pl)	**istikbal**	[istikbal]
mestria (f)	**ustalık**	[ustalık]
seleção (f)	**seçme**	[setʃme]
agência (f) de emprego	**iş bulma bürosu**	[iʃ bulma byrosu]
CV, currículo (m)	**özet**	[øzet]
entrevista (f) de emprego	**mülakat**	[mylakat]
vaga (f)	**açık yer**	[atʃık jer]
salário (m)	**maaş**	[maaʃ]
salário (m) fixo	**sabit maaş**	[sabit maaʃ]
pagamento (m)	**ödeme**	[ødeme]
posto (m)	**görev, iş**	[gørev], [iʃ]
dever (do empregado)	**görev**	[gørev]
gama (f) de deveres	**görev listesi**	[gørev listesi]
ocupado	**meşgul**	[meʃgul]
despedir, demitir (vt)	**işten çıkarmak**	[iʃten tʃıkarmak]
demissão (f)	**işten çıkarma**	[iʃten tʃıkarma]
desemprego (m)	**işsizlik**	[iʃsizlik]
desempregado (m)	**işsiz**	[iʃsiz]
reforma (f)	**emekli maaşı**	[emekli maaʃı]
reformar-se	**emekli olmak**	[emekli olmak]

105. Gente de negócios

diretor (m)	**müdür**	[mydyr]
gerente (m)	**yönetici**	[jønetidʒi]
patrão, chefe (m)	**yönetmen**	[jønetmen]
superior (m)	**şef**	[ʃef]
superiores (m pl)	**şefler**	[ʃefler]
presidente (m)	**başkan**	[baʃkan]
presidente (m) de direção	**başkan**	[baʃkan]
substituto (m)	**yardımcı**	[jardımdʒı]
assistente (m)	**asistan**	[asistan]

secretário (m)	**sekreter**	[sekreter]
secretário (m) pessoal	**özel sekreter**	[øzel sekreter]
homem (m) de negócios	**iş adamı**	[iʃ adamı]
empresário (m)	**girişimci**	[giriʃimʤi]
fundador (m)	**kurucu**	[kuruʤu]
fundar (vt)	**kurmak**	[kurmak]
fundador, sócio (m)	**müessis**	[myessis]
parceiro, sócio (m)	**ortak**	[ortak]
acionista (m)	**hissedar**	[hissedar]
milionário (m)	**milyoner**	[miljoner]
bilionário (m)	**milyarder**	[miljarder]
proprietário (m)	**sahip**	[sahip]
proprietário (m) de terras	**toprak sahibi**	[toprak sahibi]
cliente (m)	**müşteri**	[myʃteri]
cliente (m) habitual	**devamlı müşteri**	[devamlı myʃteri]
comprador (m)	**alıcı, müşteri**	[alıʤı], [myʃteri]
visitante (m)	**ziyaretçi**	[zijareʧi]
profissional (m)	**profesyonel**	[profesjonel]
perito (m)	**eksper**	[eksper]
especialista (m)	**uzman**	[uzman]
banqueiro (m)	**bankacı**	[bankaʤı]
corretor (m)	**borsa simsarı**	[borsa sımsarı]
caixa (m, f)	**kasiyer**	[kasijer]
contabilista (m)	**muhasebeci**	[muhasebeʤi]
guarda (m)	**güvenlik görevlisi**	[gyvenlik gørevlisı]
investidor (m)	**yatırımcı**	[jatırımʤı]
devedor (m)	**borçlu**	[borʧlu]
credor (m)	**alacaklı**	[alaʤaklı]
mutuário (m)	**ödünç alan**	[ødynʧ alan]
importador (m)	**ithalatçı**	[ithalaʧı]
exportador (m)	**ihracatçı**	[ihraʤaʧı]
produtor (m)	**üretici**	[yretiʤi]
distribuidor (m)	**distribütör**	[distribytør]
intermediário (m)	**aracı**	[araʤı]
consultor (m)	**danışman**	[danıʃman]
representante (m)	**temsilci**	[temsilʤi]
agente (m)	**acente, ajan**	[aʤente], [aʒan]
agente (m) de seguros	**sigorta acentesi**	[sigorta aʤentesi]

106. Profissões de serviços

cozinheiro (m)	**aşçı**	[aʃʧı]
cozinheiro chefe (m)	**aşçıbaşı**	[aʃʧıbaʃı]

padeiro (m)	**fırıncı**	[fırındʒı]
barman (m)	**barmen**	[barmen]
empregado (m) de mesa	**garson**	[garson]
empregada (f) de mesa	**kadın garson**	[kadın garson]
advogado (m)	**avukat**	[avukat]
jurista (m)	**hukukçu**	[hukuktʃu]
notário (m)	**noter**	[noter]
eletricista (m)	**elektrikçi**	[elektriktʃi]
canalizador (m)	**tesisatçı**	[tesisatʃı]
carpinteiro (m)	**dülger**	[dylger]
massagista (m)	**masör**	[masør]
massagista (f)	**masör**	[masør]
médico (m)	**doktor, hekim**	[doktor], [hekim]
taxista (m)	**taksici**	[taksidʒi]
condutor (automobilista)	**şoför**	[ʃofør]
entregador (m)	**kurye**	[kurje]
camareira (f)	**hizmetçi**	[hizmetʃi]
guarda (m)	**güvenlik görevlisi**	[gyvenlik gørevlisı]
hospedeira (f) de bordo	**hostes**	[hostes]
professor (m)	**öğretmen**	[ø:retmen]
bibliotecário (m)	**kütüphane memuru**	[kytyphane memuru]
tradutor (m)	**çevirmen**	[tʃevirmen]
intérprete (m)	**tercüman**	[terdʒyman]
guia (pessoa)	**rehber**	[rehber]
cabeleireiro (m)	**kuaför**	[kuafør]
carteiro (m)	**postacı**	[postadʒı]
vendedor (m)	**satıcı**	[satıdʒı]
jardineiro (m)	**bahçıvan**	[bahtʃıvan]
criado (m)	**hizmetçi**	[hizmetʃi]
criada (f)	**kadın hizmetçi**	[kadın hizmetʃi]
empregada (f) de limpeza	**temizlikçi**	[temizliktʃi]

107. Profissões militares e postos

soldado (m) raso	**er**	[er]
sargento (m)	**çavuş**	[tʃavuʃ]
tenente (m)	**teğmen**	[teemen]
capitão (m)	**yüzbaşı**	[juzbaʃı]
major (m)	**binbaşı**	[binbaʃı]
coronel (m)	**albay**	[albaj]
general (m)	**general**	[general]
marechal (m)	**mareşal**	[mareʃal]
almirante (m)	**amiral**	[amiral]
militar (m)	**askeri**	[askeri]
soldado (m)	**asker**	[asker]

oficial (m)	**subay**	[subaj]
comandante (m)	**komutan**	[komutan]
guarda (m) fronteiriço	**sınır muhafızı**	[sınır muhafızı]
operador (m) de rádio	**telsiz operatörü**	[telsiz operatøry]
explorador (m)	**keşif eri**	[keʃif eri]
sapador (m)	**istihkam eri**	[istihkam eri]
atirador (m)	**atıcı**	[atıʤı]
navegador (m)	**seyrüseferci**	[sejryseferʤi]

108. Oficiais. Padres

rei (m)	**kral**	[kral]
rainha (f)	**kraliçe**	[kraliʧe]
príncipe (m)	**prens**	[prens]
princesa (f)	**prenses**	[prenses]
czar (m)	**çar**	[ʧar]
czarina (f)	**çariçe**	[ʧariʧe]
presidente (m)	**başkan**	[baʃkan]
ministro (m)	**bakan**	[bakan]
primeiro-ministro (m)	**başbakan**	[baʃbakan]
senador (m)	**senatör**	[senatør]
diplomata (m)	**diplomat**	[diplomat]
cônsul (m)	**konsolos**	[konsolos]
embaixador (m)	**büyükelçi**	[byjukelʧi]
conselheiro (m)	**danışman**	[danıʃman]
funcionário (m)	**memur**	[memur]
prefeito (m)	**belediye başkanı**	[beledije baʃkanı]
Presidente (m) da Câmara	**belediye başkanı**	[beledije baʃkanı]
juiz (m)	**yargıç**	[jargıʧ]
procurador (m)	**savcı**	[savʤı]
missionário (m)	**misyoner**	[misjoner]
monge (m)	**keşiş**	[keʃiʃ]
abade (m)	**başrahip**	[baʃrahip]
rabino (m)	**haham**	[haham]
vizir (m)	**vezir**	[vezir]
xá (m)	**şah**	[ʃah]
xeque (m)	**şeyh**	[ʃejh]

109. Profissões agrícolas

apicultor (m)	**arıcı**	[arıʤı]
pastor (m)	**çoban**	[ʧoban]
agrónomo (m)	**tarım uzmanı**	[tarım uzmanı]

criador (m) de gado	**hayvan besleyicisi**	[hajvan beslejidʒisi]
veterinário (m)	**veteriner**	[veteriner]
agricultor (m)	**çiftçi**	[ʧifʧi]
vinicultor (m)	**şarap üreticisi**	[ʃarap yretidʒisi]
zoólogo (m)	**zoolog**	[zoolog]
cowboy (m)	**kovboy**	[kovboj]

110. Profissões artísticas

ator (m)	**aktör**	[aktør]
atriz (f)	**aktris**	[aktris]
cantor (m)	**şarkıcı**	[ʃarkıdʒı]
cantora (f)	**şarkıcı**	[ʃarkıdʒı]
bailarino (m)	**dansçı**	[dansʧı]
bailarina (f)	**dansöz**	[dansøz]
artista (m)	**sanatçı**	[sanaʧı]
artista (f)	**sanatçı**	[sanaʧı]
músico (m)	**müzisyen**	[myzisjen]
pianista (m)	**piyanocu**	[pijanodʒu]
guitarrista (m)	**gitarcı**	[gitaradʒı]
maestro (m)	**orkestra şefi**	[okrestra ʃefi]
compositor (m)	**besteci**	[bestedʒi]
empresário (m)	**emprezaryo**	[emprezarjo]
realizador (m)	**yönetmen**	[jønetmen]
produtor (m)	**yapımcı**	[japımdʒı]
argumentista (m)	**senaryo yazarı**	[senarjo jazarı]
crítico (m)	**eleştirmen**	[eleʃtirmen]
escritor (m)	**yazar**	[jazar]
poeta (m)	**şair**	[ʃair]
escultor (m)	**heykelci**	[hejkeldʒi]
pintor (m)	**ressam**	[ressam]
malabarista (m)	**hokkabaz**	[hokkabaz]
palhaço (m)	**palyaço**	[paljaʧo]
acrobata (m)	**cambaz**	[dʒambaz]
mágico (m)	**sihirbaz**	[sihirbaz]

111. Várias profissões

médico (m)	**doktor, hekim**	[doktor], [hekim]
enfermeira (f)	**hemşire**	[hemʃire]
psiquiatra (m)	**psikiyatr**	[psikijatr]
estomatologista (m)	**dişçi**	[diʃʧi]
cirurgião (m)	**cerrah**	[dʒerrah]

astronauta (m)	**astronot**	[astronot]
astrónomo (m)	**astronom**	[astronom]
piloto (m)	**pilot**	[pilot]
motorista (m)	**şoför**	[ʃofør]
maquinista (m)	**makinist**	[makinist]
mecânico (m)	**mekanik**	[mekanik]
mineiro (m)	**maden işçisi**	[maden iʃʧisi]
operário (m)	**işçi**	[iʃʧi]
serralheiro (m)	**tesisatçı**	[tesisaʧı]
marceneiro (m)	**marangoz**	[marangoz]
torneiro (m)	**tornacı**	[tornaʤı]
construtor (m)	**inşaat işçisi**	[inʃaat iʃʧisı]
soldador (m)	**kaynakçı**	[kajnakʧı]
professor (m) catedrático	**profesör**	[profesør]
arquiteto (m)	**mimar**	[mimar]
historiador (m)	**tarihçi**	[tarihʧi]
cientista (m)	**bilim adamı**	[bilim adamı]
físico (m)	**fizik bilgini**	[fizik bilgini]
químico (m)	**kimyacı**	[kimjaʤı]
arqueólogo (m)	**arkeolog**	[arkeolog]
geólogo (m)	**jeolog**	[ʒeolog]
pesquisador (cientista)	**araştırmacı**	[araʃtırmaʤi]
babysitter (f)	**çocuk bakıcısı**	[ʧoʤuk bakıʤısı]
professor (m)	**öğretmen**	[ø:retmen]
redator (m)	**editör**	[editør]
redator-chefe (m)	**baş editör**	[baʃ editør]
correspondente (m)	**muhabir**	[muhabir]
datilógrafa (f)	**daktilocu**	[daktiloʤu]
designer (m)	**dizayncı**	[dizajnʤı]
especialista (m) em informática	**bilgisayarcı**	[bilgisajarʤı]
programador (m)	**programcı**	[programʤı]
engenheiro (m)	**mühendis**	[myhendis]
marujo (m)	**denizci**	[denizʤi]
marinheiro (m)	**tayfa**	[tajfa]
salvador (m)	**cankurtaran**	[ʤankurtaran]
bombeiro (m)	**itfaiyeci**	[itfajeʤi]
polícia (m)	**erkek polis**	[erkek polis]
guarda-noturno (m)	**bekçi**	[bekʧi]
detetive (m)	**hafiye**	[hafije]
funcionário (m) da alfândega	**gümrükçü**	[gymrykʧu]
guarda-costas (m)	**koruma görevlisi**	[koruma gørevlis]
guarda (m) prisional	**gardiyan**	[gardijan]
inspetor (m)	**müfettiş**	[myfettiʃ]
desportista (m)	**sporcu**	[sporʤu]
treinador (m)	**antrenör**	[antrenør]

talhante (m)	**kasap**	[kasap]
sapateiro (m)	**ayakkabıcı**	[ajakkabıdʒı]
comerciante (m)	**tüccar**	[tydʒar]
carregador (m)	**yükleyici**	[juklejidʒi]
estilista (m)	**modelci**	[modeldʒi]
modelo (f)	**manken**	[manken]

112. Ocupações. Estatuto social

aluno, escolar (m)	**erkek öğrenci**	[erkek ø:rendʒi]
estudante (~ universitária)	**öğrenci**	[ø:rendʒi]
filósofo (m)	**felsefeci**	[felsefedʒi]
economista (m)	**iktisatçı**	[iktisatʃı]
inventor (m)	**mucit**	[mudʒit]
desempregado (m)	**işsiz**	[iʃsiz]
reformado (m)	**emekli**	[emekli]
espião (m)	**ajan, casus**	[aʒan], [dʒasus]
preso (m)	**tutuklu**	[tutuklu]
grevista (m)	**grevci**	[grevdʒi]
burocrata (m)	**bürokrat**	[byrokrat]
viajante (m)	**gezgin**	[gezgin]
homossexual (m)	**homoseksüel**	[homoseksyel]
hacker (m)	**hekır**	[hekır]
bandido (m)	**haydut**	[hajdut]
assassino (m) a soldo	**kiralık katil**	[kiralık katil]
toxicodependente (m)	**uyuşturucu bağımlısı**	[ujuʃturudʒu baımlısı]
traficante (m)	**uyuşturucu taciri**	[ujuʃturudʒu tadʒiri]
prostituta (f)	**fahişe**	[fahiʃe]
chulo (m)	**kadın tüccarı**	[kadın tydʒarı]
bruxo (m)	**büyücü**	[byjudʒy]
bruxa (f)	**büyücü kadın**	[byjudʒy kadın]
pirata (m)	**korsan**	[korsan]
escravo (m)	**köle**	[køle]
samurai (m)	**samuray**	[samuraj]
selvagem (m)	**vahşi**	[vahʃi]

Desportos

113. Tipos de desportos. Desportistas

desportista (m)	**sporcu**	[sporʤu]
tipo (m) de desporto	**spor çeşidi**	[spor ʧeʃidi]
basquetebol (m)	**basketbol**	[basketbol]
jogador (m) de basquetebol	**basketbolcu**	[basketbolʤu]
beisebol (m)	**beyzbol**	[bejzbol]
jogador (m) de beisebol	**beyzbolcu**	[bejzbolʤu]
futebol (m)	**futbol**	[futbol]
futebolista (m)	**futbolcu**	[futbolʤu]
guarda-redes (m)	**kaleci**	[kaleʤi]
hóquei (m)	**hokey**	[hokej]
jogador (m) de hóquei	**hokeyci**	[hokejʤi]
voleibol (m)	**voleybol**	[volejbol]
jogador (m) de voleibol	**voleybolcu**	[volejbolʤu]
boxe (m)	**boks**	[boks]
boxeador, pugilista (m)	**boksör**	[boksør]
luta (f)	**güreş**	[gyreʃ]
lutador (m)	**güreşçi**	[gyreʃʧi]
karaté (m)	**karate**	[karate]
karateca (m)	**karateci**	[karateʤi]
judo (m)	**judo**	[ʒydo]
judoca (m)	**judocu**	[ʒydoʤu]
ténis (m)	**tenis**	[tenis]
tenista (m)	**tenisçi**	[tenisʧi]
natação (f)	**yüzme**	[juzme]
nadador (m)	**yüzücü**	[juzyʤy]
esgrima (f)	**eskrim**	[eskrim]
esgrimista (m)	**eskrimci**	[eskrimʤi]
xadrez (m)	**satranç**	[satranʧ]
xadrezista (m)	**satranç oyuncusu**	[satranʧ ojunʤusu]
alpinismo (m)	**dağcılık**	[daaʤılık]
alpinista (m)	**dağcı, alpinist**	[daaʤı], [alpinist]
corrida (f)	**koşu**	[koʃu]

corredor (m)	**koşucu**	[koʃuʤu]
atletismo (m)	**atletizm**	[atletizm]
atleta (m)	**atlet**	[atlet]
hipismo (m)	**atlı spor**	[atlı spor]
cavaleiro (m)	**binici**	[biniʤi]
patinagem (f) artística	**artistik patinaj**	[artistik patinaʒ]
patinador (m)	**artistik patinajcı**	[artistik patinaʒʤı]
patinadora (f)	**artistik patinajcı**	[artistik patinaʒʤı]
halterofilismo (m)	**halter**	[halter]
halterofilista (m)	**halterci**	[halterʤi]
corrida (f) de carros	**araba yarışı**	[araba jarıʃı]
piloto (m)	**yarışçı**	[jarıʃʧı]
ciclismo (m)	**bisiklet sporu**	[bisiklet sporu]
ciclista (m)	**bisikletçi**	[bisikletʧi]
salto (m) em comprimento	**uzun atlama**	[uzun atlama]
salto (m) à vara	**sırıkla atlama**	[sırıkla atlama]
atleta (m) de saltos	**atlayıcı**	[atlajıʤı]

114. Tipos de desportos. Diversos

futebol (m) americano	**Amerikan futbolu**	[amerikan futbolu]
badminton (m)	**badminton**	[badminton]
biatlo (m)	**biatlon**	[biatlon]
bilhar (m)	**bilardo**	[bilardo]
bobsled (m)	**bobsley, yarış kızağı**	[bobslej], [jarıʃ kızaı]
musculação (f)	**vücut geliştirme**	[vyʤut geliʃtirme]
polo (m) aquático	**su topu**	[su topu]
andebol (m)	**hentbol**	[hentbol]
golfe (m)	**golf**	[golf]
remo (m)	**kürek sporu**	[kyrek sporu]
mergulho (m)	**dalgıçlık**	[dalgıʧlık]
corrida (f) de esqui	**kros kayağı**	[kros kajaı]
ténis (m) de mesa	**masa tenisi**	[masa tenisi]
vela (f)	**yelken sporu**	[jelken sporu]
rali (m)	**ralli**	[ralli]
râguebi (m)	**ragbi, rugby**	[ragbi]
snowboard (m)	**snowboard**	[snoubord]
tiro (m) com arco	**okçuluk**	[okʧuluk]

115. Ginásio

barra (f)	**halter**	[halter]
halteres (m pl)	**dambillar**	[dambillar]
aparelho (m) de musculaçao	**spor aleti**	[spor aleti]

bicicleta (f) ergométrica	**egzersiz bisikleti**	[egzersiz bisikleti]
passadeira (f) de corrida	**koşu bandı**	[koʃu bandı]
barra (f) fixa	**barfiks**	[barfiks]
barras (f) paralelas	**barparalel**	[barparalel]
cavalo (m)	**at**	[at]
tapete (m) de ginástica	**mat**	[mat]
corda (f) de saltar	**ip atlama**	[ip atlama]
aeróbica (f)	**aerobik**	[aerobik]
ioga (f)	**yoga**	[joga]

116. Desportos. Diversos

Jogos (m pl) Olímpicos	**Olimpiyat Oyunları**	[olimpijat ojunları]
vencedor (m)	**galip, kazanan**	[galip], [kazanan]
vencer (vi)	**yenmek**	[jenmek]
vencer, ganhar (vi)	**kazanmak**	[kazanmak]
líder (m)	**birinci**	[birindʒi]
liderar (vt)	**birinci olmak**	[birindʒi olmak]
primeiro lugar (m)	**birincilik**	[birindʒilik]
segundo lugar (m)	**ikincilik**	[ikindʒilik]
terceiro lugar (m)	**üçüncülük**	[ytʃundʒylyk]
medalha (f)	**madalya**	[madalja]
troféu (m)	**ganimet**	[ganimet]
taça (f)	**kupa**	[kupa]
prémio (m)	**ödül**	[ødyl]
prémio (m) principal	**büyük ödülü**	[byjuk ødyly]
recorde (m)	**rekor**	[rekor]
estabelecer um recorde	**rekor kırmak**	[rekor kırmak]
final (m)	**final**	[final]
final	**final**	[final]
campeão (m)	**şampiyon**	[ʃampion]
campeonato (m)	**şampiyona**	[ʃampiona]
estádio (m)	**stadyum**	[stadjum]
bancadas (f pl)	**tribün**	[tribyn]
fã, adepto (m)	**fan, taraftar**	[fan], [taraftar]
adversário (m)	**rakip**	[rakip]
partida (f)	**start**	[start]
chegada, meta (f)	**finiş**	[finiʃ]
derrota (f)	**yenilgi**	[jenilgi]
perder (vt)	**kaybetmek**	[kajbetmek]
árbitro (m)	**hakem**	[hakem]
júri (m)	**jüri**	[ʒyri]

resultado (m)	**skor**	[skor]
empate (m)	**beraberlik**	[beraberlik]
empatar (vi)	**berabere kalmak**	[berabere kalmak]
ponto (m)	**sayı**	[sajı]
resultado (m) final	**sonuç**	[sonutʃ]
tempo, período (m)	**devre**	[devre]
intervalo (m)	**ara**	[ara]
doping (m)	**doping**	[doping]
penalizar (vt)	**ceza vermek**	[dʒeza vermek]
desqualificar (vt)	**diskalifiye etmek**	[diskalifije etmek]
aparelho (m)	**alet**	[alet]
dardo (m)	**cirit**	[dʒirit]
peso (m)	**gülle**	[gylle]
bola (f)	**top**	[top]
alvo, objetivo (m)	**hedef**	[hedef]
alvo (~ de papel)	**hedef**	[hedef]
atirar, disparar (vi)	**ateş etmek**	[ateʃ etmek]
preciso (tiro ~)	**tam**	[tam]
treinador (m)	**antrenör**	[antrenør]
treinar (vt)	**çalıştırmak**	[tʃalıʃtırmak]
treinar-se (vr)	**antrenman yapmak**	[antrenman japmak]
treino (m)	**antrenman**	[antrenman]
ginásio (m)	**spor salonu**	[spor salonu]
exercício (m)	**egzersiz**	[egzersiz]
aquecimento (m)	**ısınma**	[ısınma]

Educação

117. Escola

escola (f)	**okul**	[okul]
diretor (m) de escola	**okul müdürü**	[okul mydyry]
aluno (m)	**öğrenci**	[ø:rendʒi]
aluna (f)	**kız öğrenci**	[kız ø:rendʒi]
escolar (m)	**öğrenci**	[ø:rendʒi]
escolar (f)	**kız öğrenci**	[kız ø:rendʒi]
ensinar (vt)	**öğretmek**	[ø:retmek]
aprender (vt)	**öğrenmek**	[ø:renmek]
aprender de cor	**ezberlemek**	[ezberlemek]
estudar (vi)	**öğrenmek**	[ø:renmek]
andar na escola	**okula gitmek**	[okula gitmek]
alfabeto (m)	**alfabe**	[alfabe]
disciplina (f)	**ders**	[ders]
sala (f) de aula	**sınıf**	[sınıf]
lição (f)	**ders**	[ders]
recreio (m)	**teneffüs**	[teneffys]
toque (m)	**zil**	[zil]
carteira (f)	**okul sırası**	[okul sırası]
quadro (m) negro	**kara tahta**	[kara tahta]
nota (f)	**not**	[not]
boa nota (f)	**iyi not**	[iji not]
nota (f) baixa	**kötü not**	[køty not]
dar uma nota	**not vermek**	[not vermek]
erro (m)	**hata**	[hata]
fazer erros	**hata yapmak**	[hata japmak]
corrigir (vt)	**düzeltmek**	[dyzeltmek]
cábula (f)	**kopya**	[kopja]
dever (m) de casa	**ev ödevi**	[ev ødevi]
exercício (m)	**egzersiz**	[egzersiz]
estar presente	**bulunmak**	[bulunmak]
estar ausente	**bulunmamak**	[bulunmamak]
punir (vt)	**cezalandırmak**	[dʒezalandırmak]
punição (f)	**ceza**	[dʒeza]
comportamento (m)	**davranış**	[davranıʃ]
boletim (m) escolar	**karne**	[karne]
lápis (m)	**kurşun kalem**	[kurʃun kalem]

borracha (f)	**silgi**	[silgi]
giz (m)	**tebeşir**	[tebeʃir]
estojo (m)	**kalemlik**	[kalemlik]
pasta (f) escolar	**çanta**	[ʧanta]
caneta (f)	**tükenmez kalem**	[tykenmez kalem]
caderno (m)	**defter**	[defter]
manual (m) escolar	**ders kitabı**	[ders kitabı]
compasso (m)	**pergel**	[pergel]
traçar (vt)	**çizmek**	[ʧizmek]
desenho (m) técnico	**teknik resim**	[teknik resim]
poesia (f)	**şiir**	[ʃi:ir]
de cor	**ezbere**	[ezbere]
aprender de cor	**ezberlemek**	[ezberlemek]
férias (f pl)	**okul tatili**	[okul tatili]
estar de férias	**tatilde olmak**	[tatilde olmak]
teste (m)	**sınav**	[sınaf]
composição, redação (f)	**kompozisyon**	[kompozisjon]
ditado (m)	**dikte**	[dikte]
exame (m)	**sınav**	[sınaf]
fazer exame	**sınav olmak**	[sınav olmak]
experiência (~ química)	**deney**	[denej]

118. Colégio. Universidade

academia (f)	**akademi**	[akademi]
universidade (f)	**üniversite**	[yniversite]
faculdade (f)	**fakülte**	[fakylte]
estudante (m)	**öğrenci**	[ø:renʤi]
estudante (f)	**öğrenci**	[ø:renʤi]
professor (m)	**öğretmen**	[ø:retmen]
sala (f) de palestras	**dersane**	[dersane]
graduado (m)	**mezun**	[mezun]
diploma (m)	**diploma**	[diploma]
tese (f)	**tez**	[tez]
estudo (obra)	**inceleme**	[inʤeleme]
laboratório (m)	**laboratuvar**	[laboratuvar]
palestra (f)	**ders**	[ders]
colega (m) de curso	**sınıf arkadaşı**	[sınıf arkadaʃı]
bolsa (f) de estudos	**burs**	[burs]
grau (m) académico	**akademik derece**	[akademik dereʤe]

119. Ciências. Disciplinas

matemática (f)	**matematik**	[matematik]
álgebra (f)	**cebir**	[ʤebir]

geometria (f)	**geometri**	[geometri]
astronomia (f)	**astronomi**	[astronomi]
biologia (f)	**biyoloji**	[bioloʒi]
geografia (f)	**coğrafya**	[ʤoorafja]
geologia (f)	**jeoloji**	[ʒeoloʒi]
história (f)	**tarih**	[tarih]
medicina (f)	**tıp**	[tıp]
pedagogia (f)	**pedagoji**	[pedagoʒi]
direito (m)	**hukuk**	[hukuk]
física (f)	**fizik**	[fizik]
química (f)	**kimya**	[kimja]
filosofia (f)	**felsefe**	[felsefe]
psicologia (f)	**psikoloji**	[psikoloʒi]

120. Sistema de escrita. Ortografia

gramática (f)	**gramer**	[gramer]
vocabulário (m)	**kelime hazinesi**	[kelime hazinesi]
fonética (f)	**fonetik**	[fonetik]
substantivo (m)	**isim**	[isim]
adjetivo (m)	**sıfat**	[sıfat]
verbo (m)	**fiil**	[fi:il]
advérbio (m)	**zarf**	[zarf]
pronome (m)	**zamir**	[zamir]
interjeição (f)	**ünlem**	[ynlem]
preposição (f)	**edat, ilgeç**	[edat], [ilgeʧ]
raiz (f) da palavra	**kelime kökü**	[kelime køky]
terminação (f)	**sonek**	[sonek]
prefixo (m)	**ön ek**	[øn ek]
sílaba (f)	**hece**	[heʤe]
sufixo (m)	**son ek**	[son ek]
acento (m)	**vurgu**	[vurgu]
apóstrofo (m)	**apostrof**	[apostrof]
ponto (m)	**nokta**	[nokta]
vírgula (f)	**virgül**	[virgyl]
ponto e vírgula (m)	**noktalı virgül**	[noktalı virgyl]
dois pontos (m pl)	**iki nokta**	[iki nokta]
reticências (f pl)	**üç nokta**	[yʧ nokta]
ponto (m) de interrogação	**soru işareti**	[soru iʃareti]
ponto (m) de exclamação	**ünlem işareti**	[ynlem iʃareti]
aspas (f pl)	**tırnak**	[tırnak]
entre aspas	**tırnak içinde**	[tırnak iʧinde]
parênteses (m pl)	**parantez**	[parantez]
entre parênteses	**parantez içinde**	[parantez iʧinde]
hífen (m)	**kısa çizgi**	[kısa ʧizgi]

travessão (m)	**tire**	[tire]
espaço (m)	**boşluk, ara**	[boʃluk], [ara]
letra (f)	**harf**	[harf]
letra (f) maiúscula	**büyük harf**	[byjuk harf]
vogal (f)	**ünlü, sesli**	[ynly], [sesli]
consoante (f)	**ünsüz, sessiz**	[ynsyz], [sessiz]
frase (f)	**cümle**	[ʤymle]
sujeito (m)	**özne**	[øzne]
predicado (m)	**yüklem**	[juklem]
linha (f)	**satır**	[satır]
em uma nova linha	**yeni satırdan**	[jeni satırdan]
parágrafo (m)	**paragraf**	[paragraf]
palavra (f)	**söz, kelime**	[søz], [kelime]
grupo (m) de palavras	**kelime grubu**	[kelime grubu]
expressão (f)	**deyim, ifade**	[dejim], [ifade]
sinónimo (m)	**eşanlamlı sözcük**	[eʃanlamlı søzʤyk]
antónimo (m)	**karşıt anlamlı sözcük**	[karʃıt anlamlı søzʤyk]
regra (f)	**kural**	[kural]
exceção (f)	**istisna**	[istisna]
correto	**doğru**	[dooru]
conjugação (f)	**fiil çekimi**	[fi:il ʧekimi]
declinação (f)	**isim çekimi**	[isim ʧekimi]
caso (m)	**hal**	[hal]
pergunta (f)	**soru**	[soru]
sublinhar (vt)	**altını çizmek**	[altını ʧizmek]
linha (f) pontilhada	**noktalar**	[noktalar]

121. Línguas estrangeiras

língua (f)	**dil**	[dil]
estrangeiro	**yabancı**	[jabanʤı]
língua (f) estrangeira	**yabancı dil**	[jabanʤı dil]
estudar (vt)	**öğrenim görmek**	[ø:renim gørmek]
aprender (vt)	**öğrenmek**	[ø:renmek]
ler (vt)	**okumak**	[okumak]
falar (vi)	**konuşmak**	[konuʃmak]
compreender (vt)	**anlamak**	[anlamak]
escrever (vt)	**yazmak**	[jazmak]
rapidamente	**çabuk**	[ʧabuk]
devagar	**yavaş**	[javaʃ]
fluentemente	**akıcı bir şekilde**	[akıʤı bir ʃekilde]
regras (f pl)	**kurallar**	[kurallar]
gramática (f)	**gramer**	[gramer]
vocabulário (m)	**kelime hazinesi**	[kelime hazinesi]

fonética (f)	**fonetik**	[fonetik]
manual (m) escolar	**ders kitabı**	[ders kitabı]
dicionário (m)	**sözlük**	[søzlyk]
manual (m) de autoaprendizagem	**öz eğitim rehberi**	[øz eitim rehberi]
guia (m) de conversação	**konuşma kılavuzu**	[konuʃma kılavuzu]
cassete (f)	**kaset**	[kaset]
vídeo cassete (m)	**videokaset**	[videokaset]
CD (m)	**CD**	[sidi]
DVD (m)	**DVD**	[dividi]
alfabeto (m)	**alfabe**	[alfabe]
soletrar (vt)	**hecelemek**	[hedʒelemek]
pronúncia (f)	**telâffuz**	[telaffyz]
sotaque (m)	**aksan**	[aksan]
com sotaque	**aksan ile**	[aksan ile]
sem sotaque	**aksansız**	[aksansız]
palavra (f)	**kelime**	[kelime]
sentido (m)	**mana**	[mana]
cursos (m pl)	**kurslar**	[kurslar]
inscrever-se (vr)	**yazılmak**	[jazılmak]
professor (m)	**öğretmen**	[ø:retmen]
tradução (processo)	**çeviri**	[tʃeviri]
tradução (texto)	**tercüme**	[terdʒyme]
tradutor (m)	**çevirmen**	[tʃevirmen]
intérprete (m)	**tercüman**	[terdʒyman]
poliglota (m)	**birçok dil bilen**	[birtʃok dil bilen]
memória (f)	**hafıza**	[hafıza]

122. Personagens de contos de fadas

Pai (m) Natal	**Noel Baba**	[noel baba]
sereia (f)	**denizkızı**	[denizkızı]
mago (m)	**sihirbaz**	[sihirbaz]
fada (f)	**peri**	[sihirbaz]
mágico	**sihirli**	[sihirli]
varinha (f) mágica	**sihirli değnek**	[sihirli deenek]
conto (m) de fadas	**masal**	[masal]
milagre (m)	**harika**	[harika]
anão (m)	**cüce**	[dʒydʒe]
transformar-se em ...	**... dönüşmek**	[dønyʃmek]
fantasma (m)	**hortlak**	[hortlak]
espetro (m)	**hayalet**	[hajalet]
monstro (m)	**canavar**	[dʒanavar]
dragão (m)	**ejderha**	[eʒderha]
gigante (m)	**dev**	[dev]

123. Signos do Zodíaco

Carneiro	**Koç**	[kotʃ]
Touro	**Boğa**	[boa]
Gémeos	**İkizler**	[ikizler]
Caranguejo	**Yengeç**	[jengetʃ]
Leão	**Aslan**	[aslan]
Virgem (f)	**Başak**	[baʃak]
Balança	**Terazi**	[terazi]
Escorpião	**Akrep**	[akrep]
Sagitário	**Yay**	[jaj]
Capricórnio	**Oğlak**	[oolak]
Aquário	**Kova**	[kova]
Peixes	**Balık**	[balık]
caráter (m)	**karakter**	[karakter]
traços (m pl) do caráter	**karakter özellikleri**	[karakter øzellikleri]
comportamento (m)	**davranış**	[davranıʃ]
predizer (vt)	**fal bakmak**	[fal bakmak]
adivinha (f)	**falcı**	[faldʒı]
horóscopo (m)	**yıldız falı**	[jıldız falı]

Artes

124. Teatro

teatro (m)	**tiyatro**	[tijatro]
ópera (f)	**opera**	[opera]
opereta (f)	**operet**	[operet]
balé (m)	**bale**	[bale]
cartaz (m)	**afiş**	[afiʃ]
companhia (f) teatral	**trup**	[trup]
turné (digressão)	**turne**	[turne]
estar em turné	**turneye çıkmak**	[turneje ʧıkmak]
ensaiar (vt)	**prova yapmak**	[prova japmak]
ensaio (m)	**prova**	[prova]
repertório (m)	**repertuvar**	[repertuvar]
apresentação (f)	**temsil**	[temsil]
espetáculo (m)	**gösteri**	[gøsteri]
peça (f)	**tiyatro oyunu**	[tijatro ojunu]
bilhete (m)	**bilet**	[bilet]
bilheteira (f)	**bilet gişesi**	[bilet giʃesi]
hall (m)	**hol**	[hol]
guarda-roupa (m)	**vestiyer**	[vestijer]
senha (f) numerada	**vestiyer numarası**	[vestijer numarası]
binóculo (m)	**dürbün**	[dyrbyn]
lanterninha (m)	**yer gösterici**	[jer gøsteriʤi]
plateia (f)	**parter**	[parter]
balcão (m)	**balkon**	[balkon]
primeiro balcão (m)	**birinci balkon**	[birinʤi balkon]
camarote (m)	**loca**	[loʤa]
fila (f)	**sıra**	[sıra]
assento (m)	**yer**	[jer]
público (m)	**izleyiciler**	[izlejiʤiler]
espetador (m)	**izleyici**	[izlejiʤi]
aplaudir (vt)	**alkışlamak**	[alkıʃlamak]
aplausos (m pl)	**alkış**	[alkıʃ]
ovação (f)	**şiddetli alkışlar**	[ʃiddetli alkıʃlar]
palco (m)	**sahne**	[sahne]
pano (m) de boca	**perde**	[perde]
cenário (m)	**sahne dekoru**	[sahne dekoru]
bastidores (m pl)	**kulis**	[kulis]
cena (f)	**sahne**	[sahne]
ato (m)	**perde**	[perde]
entreato (m)	**perde arası**	[perde arası]

125. Cinema

ator (m)	**aktör**	[aktør]
atriz (f)	**aktris**	[aktris]
cinema (m)	**sinema**	[sinema]
filme (m)	**film**	[film]
episódio (m)	**bölüm, kısım**	[bølym], [kısım]
filme (m) policial	**dedektif filmi**	[dedektif filmi]
filme (m) de ação	**aksiyon filmi**	[aksijon filmi]
filme (m) de aventuras	**macera filmi**	[madʒera filmi]
filme (m) de ficção científica	**bilim kurgu filmi**	[bilim kurgu filmi]
filme (m) de terror	**korku filmi**	[korku filmi]
comédia (f)	**komedi filmi**	[komedi filmi]
melodrama (m)	**melodram**	[melodram]
drama (m)	**dram**	[dram]
filme (m) ficcional	**kurgusal film**	[kurgusal film]
documentário (m)	**belgesel film**	[belgesel film]
desenho (m) animado	**çizgi film**	[ʧizgi film]
cinema (m) mudo	**sessiz film**	[sessiz film]
papel (m)	**rol**	[rol]
papel (m) principal	**başrol**	[baʃrol]
representar (vt)	**oynamak**	[ojnamak]
estrela (f) de cinema	**sinema yıldızı**	[sinema jıldızı]
conhecido	**meşhur**	[meʃhur]
famoso	**ünlü**	[ynly]
popular	**popüler**	[popyler]
argumento (m)	**senaryo**	[senarjo]
argumentista (m)	**senaryo yazarı**	[senarjo jazarı]
realizador (m)	**yönetmen**	[jønetmen]
produtor (m)	**yapımcı**	[japımdʒı]
assistente (m)	**asistan**	[asistan]
diretor (m) de fotografia	**kameraman**	[kameraman]
duplo (m)	**dublör**	[dublør]
duplo (m) de corpo	**dublör**	[dublør]
filmar (vt)	**film çekmek**	[film ʧekmek]
audição (f)	**oyuncu seçmesi**	[ojundʒu seʧmesi]
filmagem (f)	**çekimler**	[ʧekimler]
equipe (f) de filmagem	**çekim ekibi**	[ʧekim ekibi]
set (m) de filmagem	**plato**	[plato]
câmara (f)	**film kamerası**	[filim kamerası]
cinema (m)	**sinema**	[sinema]
ecrã (m), tela (f)	**ekran**	[ekran]
exibir um filme	**film göstermek**	[film gøstermek]
pista (f) sonora	**ses yolu**	[ses jolu]
efeitos (m pl) especiais	**özel efektler**	[øzel efektler]

legendas (f pl)	**altyazı**	[altjazı]
crédito (m)	**filmin tanıtma yazıları**	[filmin tanıtma jazıları]
tradução (f)	**çeviri**	[ʧeviri]

126. Pintura

arte (f)	**sanat**	[sanat]
belas-artes (f pl)	**güzel sanatlar**	[gyzel sanatlar]
galeria (f) de arte	**sanat galerisi**	[sanat galerisi]
exposição (f) de arte	**resim sergisi**	[resim sergisi]
pintura (f)	**ressamlık**	[ressamlık]
arte (f) gráfica	**grafik sanatı**	[grafik sanatı]
arte (f) abstrata	**soyut sanat**	[sojut sanat]
impressionismo (m)	**izlenimcilik**	[izlenimʤilik]
pintura (f), quadro (m)	**tablo, resim**	[tablo], [resim]
desenho (m)	**resim**	[resim]
cartaz, póster (m)	**poster, afiş**	[poster], [afiʃ]
ilustração (f)	**çizim, resim**	[ʧizim], [resim]
miniatura (f)	**minyatür**	[minjatyr]
cópia (f)	**kopya**	[kopja]
reprodução (f)	**reprodüksiyon**	[reprodyksijon]
mosaico (m)	**mozaik**	[mozaik]
vitral (m)	**vitray**	[vitraj]
fresco (m)	**fresk**	[fresk]
gravura (f)	**gravür**	[gravyr]
busto (m)	**büst**	[byst]
escultura (f)	**heykel**	[hejkel]
estátua (f)	**yontu**	[jontu]
gesso (m)	**alçı, sıva**	[alʧı], [sıva]
em gesso	**alçıdan**	[alʧıdan]
retrato (m)	**portre**	[portre]
autorretrato (m)	**kendi portresi**	[kendi portresi]
paisagem (f)	**peyzaj**	[pejzaʒ]
natureza (f) morta	**natürmort**	[natyrmort]
caricatura (f)	**karikatür**	[karikatyr]
esboço (m)	**taslak**	[taslak]
tinta (f)	**boya**	[boja]
aguarela (f)	**suluboya**	[suluboja]
óleo (m)	**yağlı boya**	[jaalı boja]
lápis (m)	**kurşun kalem**	[kurʃun kalem]
tinta da China (f)	**çini mürekkebi**	[ʧini myrekkebi]
carvão (m)	**kömür**	[kømyr]
desenhar (vt)	**resim çizmek**	[resim ʧizmek]
pintar (vt)	**resim yapmak**	[resim japmak]
posar (vi)	**poz vermek**	[poz vermek]
modelo (m)	**model**	[model]

modelo (f)	**model**	[model]
pintor (m)	**ressam**	[ressam]
obra (f)	**eser**	[eser]
obra-prima (f)	**şaheser**	[ʃaheser]
estúdio (m)	**atölye**	[atølje]
tela (f)	**keten bezi**	[keten bezi]
cavalete (m)	**sehpa**	[sehpa]
paleta (f)	**palet**	[palet]
moldura (f)	**çerçeve**	[ʧerʧeve]
restauração (f)	**restorasyon**	[restorasjon]
restaurar (vt)	**restore etmek**	[restore etmek]

127. Literatura & Poesia

literatura (f)	**edebiyat**	[edebijat]
autor (m)	**yazar**	[jazar]
pseudónimo (m)	**takma ad**	[takma ad]
livro (m)	**kitap**	[kitap]
volume (m)	**cilt**	[ʤilt]
índice (m)	**içindekiler listesi**	[iʧindekiler listesi]
página (f)	**sayfa**	[sajfa]
protagonista (m)	**ana karakter**	[ana karakter]
autógrafo (m)	**imza**	[imza]
conto (m)	**öykü**	[øjky]
novela (f)	**uzun öykü**	[uzun øjky]
romance (m)	**roman**	[roman]
obra (f)	**eser**	[eser]
fábula (m)	**fabl**	[fabl]
romance (m) policial	**polisiye roman**	[polisje roman]
poesia (obra)	**şiir**	[ʃi:ir]
poesia (arte)	**şiirler**	[ʃi:irler]
poema (m)	**uzun şiir**	[uzun ʃiir]
poeta (m)	**şair**	[ʃair]
ficção (f)	**edebiyat**	[edebijat]
ficção (f) científica	**bilim kurgu**	[bilim kurgu]
aventuras (f pl)	**maceralar**	[maʤeralar]
literatura (f) didática	**eğitim edebiyatı**	[eitim edebijatı]
literatura (f) infantil	**çocuk edebiyatı**	[ʧoʤuk edebijatı]

128. Circo

circo (m)	**sirk**	[sirk]
circo (m) ambulante	**gezici sirk**	[geziʤi sirk]
programa (m)	**program**	[program]
apresentação (f)	**gösteri**	[gøsteri]
número (m)	**oyun**	[ojun]

arena (f)	**arena**	[arena]
pantomima (f)	**pantomim**	[pantomim]
palhaço (m)	**palyaço**	[paljatʃo]
acrobata (m)	**cambaz**	[dʒambaz]
acrobacia (f)	**akrobasi**	[akrobasi]
ginasta (m)	**jimnastikçi**	[ʒimnastiktʃi]
ginástica (f)	**jimnastik**	[ʒimnastik]
salto (m) mortal	**perende**	[perende]
homem forte (m)	**atlet**	[atlet]
domador (m)	**hayvan terbiyecisi**	[hajvan terbijedʒisi]
cavaleiro (m) equilibrista	**binici**	[binidʒi]
assistente (m)	**asistan**	[asistan]
truque (m) de mágica	**hokkabazlık**	[hokkabazlık]
mágico (m)	**sihirbaz**	[sihirbaz]
malabarista (m)	**hokkabaz**	[hokkabaz]
fazer malabarismos	**hokkabazlık yapmak**	[hokkabazlık japmak]
domador (m)	**terbiyeci**	[terbijedʒi]
adestramento (m)	**terbiye**	[terbije]
adestrar (vt)	**terbiye etmek**	[terbije etmek]

129. Música. Música popular

música (f)	**müzik**	[myzik]
músico (m)	**müzisyen**	[myzisjen]
instrumento (m) musical	**müzik aleti**	[myzik aleti]
tocar ...	**... çalmak**	[tʃalmak]
guitarra (f)	**gitar**	[gitar]
violino (m)	**keman**	[keman]
violoncelo (m)	**viyolonsel**	[violonsel]
contrabaixo (m)	**kontrabas**	[kontrabas]
harpa (f)	**arp**	[arp]
piano (m)	**piyano**	[pijano]
piano (m) de cauda	**kuyruklu piyano**	[kujruklu pijano]
órgão (m)	**organ**	[organ]
instrumentos (m pl) de sopro	**nefesli çalgılar**	[nefesli tʃalgılar]
oboé (m)	**obua**	[obua]
saxofone (m)	**saksofon**	[saksofon]
clarinete (m)	**klarnet**	[klarnet]
flauta (f)	**flüt**	[flyt]
trompete (m)	**trompet**	[trompet]
acordeão (m)	**akordeon**	[akordeon]
tambor (m)	**davul**	[davul]
duo, dueto (m)	**düet, düo**	[dyet], [dyo]
trio (m)	**trio**	[trio]
quarteto (m)	**kuartet, dörtlü**	[kuartet], [dørtly]

coro (m)	**koro**	[koro]
orquestra (f)	**orkestra**	[orkestra]
música (f) pop	**pop müzik**	[pop myzik]
música (f) rock	**rock müzik**	[rok myzik]
grupo (m) de rock	**rock grubu**	[rok grubu]
jazz (m)	**caz**	[ʤaz]
ídolo (m)	**idol**	[idol]
fã, admirador (m)	**hayran**	[hajran]
concerto (m)	**konser**	[konser]
sinfonia (f)	**senfoni**	[senfoni]
composição (f)	**beste**	[beste]
compor (vt)	**bestelemek**	[bestelemek]
canto (m)	**şarkı söyleme**	[ʃarkı søjleme]
canção (f)	**şarkı**	[ʃarkı]
melodia (f)	**melodi**	[melodi]
ritmo (m)	**ritm**	[ritm]
blues (m)	**caz**	[ʤaz]
notas (f pl)	**ciltlenmemiş notalar**	[ʤiltlenmemiʃ notalar]
batuta (f)	**orkestra şefinin çubuğu**	[orkestra ʃefinin ʧubuu]
arco (m)	**keman yayı**	[keman jajı]
corda (f)	**tel**	[tel]
estojo (m)	**kutu**	[kutu]

Descanso. Entretenimento. Viagens

130. Viagens

turismo (m)	**turizm**	[turizm]
turista (m)	**turist**	[turist]
viagem (f)	**seyahat**	[sejahat]
aventura (f)	**macera**	[madʒera]
viagem (f)	**gezi**	[gezi]
férias (f pl)	**izin**	[izin]
estar de férias	**izinli olmak**	[izinli olmak]
descanso (m)	**istirahat**	[istirahat]
comboio (m)	**tren**	[tren]
de comboio (chegar ~)	**trenle**	[trenle]
avião (m)	**uçak**	[utʃak]
de avião	**uçakla**	[utʃakla]
de carro	**arabayla**	[arabajla]
de navio	**gemide**	[gemide]
bagagem (f)	**bagaj**	[bagaʒ]
mala (f)	**bavul**	[bavul]
carrinho (m)	**bagaj arabası**	[bagaʒ arabası]
passaporte (m)	**pasaport**	[pasaport]
visto (m)	**vize**	[vize]
bilhete (m)	**bilet**	[bilet]
bilhete (m) de avião	**uçak bileti**	[utʃak bileti]
guia (m) de viagem	**rehber**	[rehber]
mapa (m)	**harita**	[harita]
local (m), area (f)	**alan**	[alan]
lugar, sítio (m)	**yer**	[jer]
exotismo (m)	**egzotik**	[ekzotik]
exótico	**egzotik**	[ekzotik]
surpreendente	**şaşırtıcı**	[ʃaʃırtıdʒı]
grupo (m)	**grup**	[grup]
excursão (f)	**gezi**	[gezi]
guia (m)	**rehber**	[rehber]

131. Hotel

hotel (m)	**otel**	[otel]
motel (m)	**motel**	[motel]
três estrelas	**üç yıldızlı**	[ytʃ jıldızlı]

cinco estrelas	**beş yıldızlı**	[beʃ jıldızlı]
ficar (~ num hotel)	**kalmak**	[kalmak]
quarto (m)	**oda**	[oda]
quarto (m) individual	**tek kişilik oda**	[tek kiʃilik oda]
quarto (m) duplo	**iki kişilik oda**	[iki kiʃilik oda]
reservar um quarto	**oda ayırtmak**	[oda aırtmak]
meia pensão (f)	**yarım pansiyon**	[jarım pansjon]
pensão (f) completa	**tam pansiyon**	[tam pansjon]
com banheira	**banyolu**	[banjolu]
com duche	**duşlu**	[duʃlu]
televisão (m) satélite	**uydu televizyonu**	[ujdu televizjonu]
ar (m) condicionado	**klima**	[klima]
toalha (f)	**havlu**	[havlu]
chave (f)	**anahtar**	[anahtar]
administrador (m)	**idareci**	[idaredʒi]
camareira (f)	**hizmetçi**	[hizmetʃi]
bagageiro (m)	**hamal**	[hamal]
porteiro (m)	**kapıcı**	[kapıdʒı]
restaurante (m)	**restoran**	[restoran]
bar (m)	**bar**	[bar]
pequeno-almoço (m)	**kahvaltı**	[kahvaltı]
jantar (m)	**akşam yemeği**	[akʃam jemei]
buffet (m)	**açık büfe**	[atʃık byfe]
hall (m) de entrada	**lobi**	[lobi]
elevador (m)	**asansör**	[asansør]
NÃO PERTURBE	**RAHATSIZ ETMEYIN**	[rahatsız etmejin]
PROIBIDO FUMAR!	**SİGARA İÇİLMEZ**	[sigara itʃilmez]

132. Livros. Leitura

livro (m)	**kitap**	[kitap]
autor (m)	**müellif**	[myellif]
escritor (m)	**yazar**	[jazar]
escrever (vt)	**yazmak**	[jazmak]
leitor (m)	**okur**	[okur]
ler (vt)	**okumak**	[okumak]
leitura (f)	**okuma**	[okuma]
para si	**içinden**	[itʃinden]
em voz alta	**sesli**	[sesli]
publicar (vt)	**yayımlamak**	[jajımlamak]
publicação (f)	**yayım**	[jajım]
editor (m)	**yayımcı**	[jajımdʒı]
editora (f)	**yayınevi**	[jajınevi]
sair (vi)	**çıkmak**	[tʃıkmak]

lançamento (m)	**yayınlanma**	[jajınlanma]
tiragem (f)	**tiraj**	[tiraʒ]
livraria (f)	**kitabevi**	[kitabevi]
biblioteca (f)	**kütüphane**	[kytyphane]
novela (f)	**uzun öykü**	[uzun øjky]
conto (m)	**öykü**	[øjky]
romance (m)	**roman**	[roman]
romance (m) policial	**polisiye roman**	[polisje roman]
memórias (f pl)	**anılar**	[anılar]
lenda (f)	**efsane**	[efsane]
mito (m)	**mit**	[mit]
poesia (f)	**şiir**	[ʃi:ir]
autobiografia (f)	**otobiyografi**	[otobijografi]
obras (f pl) escolhidas	**seçkin eserler**	[setʃkin eserler]
ficção (f) científica	**bilim kurgu**	[bilim kurgu]
título (m)	**isim**	[isim]
introdução (f)	**giriş**	[giriʃ]
folha (f) de rosto	**başlık sayfası**	[baʃlık sajfası]
capítulo (m)	**bölüm**	[bølym]
excerto (m)	**parça**	[partʃa]
episódio (m)	**kısım**	[kısım]
tema (m)	**konu, tema**	[konu], [tema]
conteúdo (m)	**içindekiler**	[itʃindekiler]
índice (m)	**içindekiler listesi**	[itʃindekiler listesi]
protagonista (m)	**ana karakter**	[ana karakter]
tomo, volume (m)	**cilt**	[dʒilt]
capa (f)	**kapak**	[kapak]
encadernação (f)	**cilt**	[dʒilt]
marcador (m) de livro	**kitap ayracı**	[kitap ajradʒı]
página (f)	**sayfa**	[sajfa]
folhear (vt)	**göz atmak**	[gøz atmak]
margem (f)	**kenar boşluğu**	[kenar boʃluu]
anotação (f)	**not**	[not]
nota (f) de rodapé	**dipnot**	[dipnot]
texto (m)	**metin**	[metin]
fonte (f)	**yazı tipi**	[jazı tipi]
gralha (f)	**baskı hatası**	[baskı hatası]
tradução (f)	**çeviri**	[tʃeviri]
traduzir (vt)	**çevirmek**	[tʃevirmek]
original (m)	**asıl, orijinal**	[asıl], [oriʒinal]
famoso	**ünlü**	[ynly]
desconhecido	**meçhul**	[metʃhul]
interessante	**ilginç**	[ilgintʃ]
best-seller (m)	**çok satılan kitap**	[tʃok satılan kitap]

dicionário (m)	**sözlük**	[søzlyk]
manual (m) escolar	**ders kitabı**	[ders kitabı]
enciclopédia (f)	**ansiklopedi**	[ansiklopedi]

133. Caça. Pesca

caça (f)	**av**	[av]
caçar (vi)	**avlamak**	[avlamak]
caçador (m)	**avcı**	[avʤı]
atirar (vi)	**ateş etmek**	[ateʃ etmek]
caçadeira (f)	**tüfek**	[tyfek]
cartucho (m)	**fişek**	[fiʃek]
chumbo (m) de caça	**saçma**	[saʧma]
armadilha (f)	**kapan**	[kapan]
armadilha (com corda)	**tuzak**	[tuzak]
pôr a armadilha	**tuzak kurmak**	[tuzak kurmak]
caçador (m) furtivo	**kaçak avcı**	[kaʧak avʤı]
caça (f)	**av hayvanları**	[av hajvanları]
cão (m) de caça	**av köpeği**	[av køpei]
safári (m)	**safari**	[safari]
animal (m) empalhado	**doldurulmuş hayvan**	[doldurulmuʃ hajvan]
pescador (m)	**balıkçı**	[balıkʧı]
pesca (f)	**balık avı**	[balık avı]
pescar (vt)	**balık tutmak**	[balık tutmak]
cana (f) de pesca	**olta**	[olta]
linha (f) de pesca	**olta ipi**	[olta ipi]
anzol (m)	**olta iğnesi**	[olta i:inesi]
boia (f)	**olta mantarı**	[olta mantarı]
isca (f)	**yem**	[jem]
lançar a linha	**olta atmak**	[olta atmak]
morder (vt)	**oltaya vurmak**	[oltaja vurmak]
pesca (f)	**tutulan balık miktarı**	[tutulan balık miktarı]
buraco (m) no gelo	**buzda açılmış oyuk**	[buzda aʧılmıʃ ojuk]
rede (f)	**ağ**	[aa]
barco (m)	**kayık**	[kajık]
pescar com rede	**ağ ile yakalamak**	[aa ile jakalamak]
lançar a rede	**ağ atmak**	[aa atmak]
puxar a rede	**ağı çıkarmak**	[aı ʧıkarmak]
baleeiro (m)	**balina avcısı**	[balina avʤısı]
baleeira (f)	**balina gemisi**	[balina gemisi]
arpão (m)	**zıpkın**	[zıpkın]

134. Jogos. Bilhar

bilhar (m)	**bilardo**	[bilardo]
sala (f) de bilhar	**bilardo salonu**	[bilardo salonu]

bola (f) de bilhar	**bilardo topu**	[bilardo topu]
embolsar uma bola	**topu cebe sokmak**	[topu dʒebe sokmak]
taco (m)	**isteka**	[isteka]
caçapa (f)	**cep**	[dʒep]

135. Jogos. Jogar cartas

ouros (m pl)	**karo**	[karo]
espadas (f pl)	**maça**	[matʃa]
copas (f pl)	**kupa**	[kupa]
paus (m pl)	**sinek**	[sinek]
ás (m)	**bey**	[bej]
rei (m)	**kral**	[kral]
dama (f)	**kız**	[kız]
valete (m)	**vale**	[vale]
carta (f) de jogar	**kağıt, iskambil kağıdı**	[kaıt], [iskambil kaıdı]
cartas (f pl)	**iskambil**	[iskambil]
trunfo (m)	**koz**	[koz]
baralho (m)	**deste**	[deste]
dar, distribuir (vt)	**dağıtmak**	[daıtmak]
embaralhar (vt)	**karıştırmak**	[karıʃtırmak]
vez, jogada (f)	**el**	[el]
batoteiro (m)	**hilebaz**	[hilebaz]

136. Descanso. Jogos. Diversos

passear (vi)	**gezmek**	[gezmek]
passeio (m)	**gezi**	[gezi]
viagem (f) de carro	**yol gezisi**	[jol gezisi]
aventura (f)	**macera**	[madʒera]
piquenique (m)	**piknik**	[piknik]
jogo (m)	**oyun**	[ojun]
jogador (m)	**oyuncu**	[ojundʒu]
partida (f)	**parti**	[parti]
colecionador (m)	**koleksiyoncu**	[koleksjondʒu]
colecionar (vt)	**toplamak**	[toplamak]
coleção (f)	**koleksiyon**	[koleksjon]
palavras (f pl) cruzadas	**bulmaca**	[bulmadʒa]
hipódromo (m)	**hipodrom**	[hipodrom]
discoteca (f)	**disko**	[disko]
sauna (f)	**sauna**	[sauna]
lotaria (f)	**piyango**	[pijango]
campismo (m)	**kamp yapma**	[kamp japma]
acampamento (m)	**kamp**	[kamp]

tenda (f)	**çadır**	[ʧadır]
bússola (f)	**pusula**	[pusula]
campista (m)	**kampçı**	[kampʧı]
ver (vt), assistir à ...	**izlemek**	[izlemek]
telespectador (m)	**izleyici**	[izlejiʤi]
programa (m) de TV	**televizyon programı**	[televizjon programı]

137. Fotografia

máquina (f) fotográfica	**fotoğraf makinesi**	[fotoraf makinesi]
foto, fotografia (f)	**foto**	[foto]
fotógrafo (m)	**fotoğrafçı**	[fotorafʧı]
estúdio (m) fotográfico	**fotoğraf stüdyosu**	[fotoraf stydjosu]
álbum (m) de fotografias	**fotoğraf albümü**	[fotoraf albymy]
objetiva (f)	**objektif**	[obʒektif]
teleobjetiva (f)	**teleobjektif**	[teleobʒektif]
filtro (m)	**filtre**	[filtre]
lente (f)	**lens**	[lens]
ótica (f)	**optik**	[optik]
abertura (f)	**diyafram**	[diafram]
exposição (f)	**poz**	[poz]
visor (m)	**vizör**	[vizør]
câmara (f) digital	**dijital fotoğraf makinesi**	[diʒital fotoraf makinesi]
tripé (m)	**üçayak**	[yʧajak]
flash (m)	**flâş**	[flaʃ]
fotografar (vt)	**fotoğraf çekmek**	[fotoraf ʧekmek]
tirar fotos	**resim çekmek**	[resim ʧekmek]
fotografar-se	**fotoğraf çektirmek**	[fotoraf ʧektirmek]
foco (m)	**odak**	[odak]
focar (vt)	**odaklamak**	[odaklamak]
nítido	**net**	[net]
nitidez (f)	**netlik**	[netlik]
contraste (m)	**kontrast**	[kontrast]
contrastante	**kontrastlı**	[kontrastlı]
retrato (m)	**resim**	[resim]
negativo (m)	**negatif**	[negatif]
filme (m)	**film**	[film]
fotograma (m)	**görüntü**	[gørynty]
imprimir (vt)	**basmak**	[basmak]

138. Praia. Natação

praia (f)	**plaj**	[plaʒ]
areia (f)	**kum**	[kum]

deserto	**tenha**	[tenha]
bronzeado (m)	**bronzlaşmış ten**	[bronzlaʃmıʃ ten]
bronzear-se (vr)	**bronzlaşmak**	[bronzlaʃmak]
bronzeado	**bronzlaşmış**	[bronzlaʃmıʃ]
protetor (m) solar	**güneş kremi**	[gyneʃ kremi]
biquíni (m)	**bikini**	[bikini]
fato (m) de banho	**mayo**	[majo]
calção (m) de banho	**erkek mayosu**	[erkek majosu]
piscina (f)	**havuz**	[havuz]
nadar (vi)	**yüzmek**	[juzmek]
duche (m)	**duş**	[duʃ]
mudar de roupa	**değişmek**	[deiʃmek]
toalha (f)	**havlu**	[havlu]
barco (m)	**kayık**	[kajık]
lancha (f)	**sürat teknesi**	[syrat teknesi]
esqui (m) aquático	**su kayağı**	[su kajaı]
barco (m) de pedais	**su bisikleti**	[su bisikleti]
surf (m)	**sörfçülük**	[sørftʃulyk]
surfista (m)	**sörfçü**	[sørftʃu]
equipamento (m) de mergulho	**skuba, oksijen tüpü**	[skuba], [oksiʒen typy]
barbatanas (f pl)	**paletler**	[paletler]
máscara (f)	**maske**	[maske]
mergulhador (m)	**dalgıç**	[dalgıtʃ]
mergulhar (vi)	**dalmak**	[dalmak]
debaixo d'água	**su altı**	[su altı]
guarda-sol (m)	**güneş şemsiyesi**	[gyneʃ ʃemsijesi]
espreguiçadeira (f)	**şezlong**	[ʃezlong]
óculos (m pl) de sol	**güneş gözlüğü**	[gyneʃ gøzlyju]
colchão (m) de ar	**şişme yatak**	[ʃiʃme jatak]
brincar (vi)	**oynamak**	[ojnamak]
ir nadar	**suya girmek**	[suja girmek]
bola (f) de praia	**top**	[top]
encher (vt)	**hava basmak**	[hava basmak]
inflável, de ar	**şişme**	[ʃiʃme]
onda (f)	**dalga**	[dalga]
boia (f)	**şamandıra**	[ʃamandıra]
afogar-se (pessoa)	**suda boğulmak**	[suda boulmak]
salvar (vt)	**kurtarmak**	[kurtarmak]
colete (m) salva-vidas	**can yeleği**	[dʒan jelei]
observar (vt)	**gözlemlemek**	[gøzlemlemek]
nadador-salvador (m)	**cankurtaran**	[dʒankurtaran]

EQUIPAMENTO TÉCNICO. TRANSPORTES

Equipamento técnico. Transportes

139. Computador

computador (m)	**bilgisayar**	[bilgisajar]
portátil (m)	**dizüstü bilgisayar**	[dizysty bilgisajar]
ligar (vt)	**açmak**	[atʃmak]
desligar (vt)	**kapatmak**	[kapatmak]
teclado (m)	**klavye**	[klavje]
tecla (f)	**tuş**	[tuʃ]
rato (m)	**fare**	[fare]
tapete (m) de rato	**fare altlığı**	[fare altlı:ı]
botão (m)	**tuş**	[tuʃ]
cursor (m)	**fare imleci**	[fare imledʒi]
monitor (m)	**monitör**	[monitør]
ecrã (m)	**ekran**	[ekran]
disco (m) rígido	**sabit disk**	[sabit disk]
capacidade (f) do disco rígido	**sabit disk hacmi**	[sabit disk hadʒmi]
memória (f)	**bellek**	[bellek]
memória RAM (f)	**RAM belleği**	[ram bellei]
ficheiro (m)	**dosya**	[dosja]
pasta (f)	**klasör**	[klasør]
abrir (vt)	**açmak**	[atʃmak]
fechar (vt)	**kapatmak**	[kapatmak]
guardar (vt)	**kaydetmek**	[kajdetmek]
apagar, eliminar (vt)	**silmek**	[silmek]
copiar (vt)	**kopyalamak**	[kopjalamak]
ordenar (vt)	**sıralamak**	[sıralamak]
copiar (vt)	**kopyalamak**	[kopjalamak]
programa (m)	**program**	[program]
software (m)	**yazılım**	[jazılım]
programador (m)	**programcı**	[programdʒı]
programar (vt)	**program yapmak**	[program japmak]
hacker (m)	**hekır**	[hekır]
senha (f)	**parola**	[parola]
vírus (m)	**virüs**	[virys]
detetar (vt)	**tespit etmek, bulmak**	[tespit etmek], [bulmak]
byte (m)	**bayt**	[bajt]

megabyte (m)	**megabayt**	[megabajt]
dados (m pl)	**veri, data**	[veri], [data]
base (f) de dados	**veritabanı**	[veritabanı]
cabo (m)	**kablo**	[kablo]
desconectar (vt)	**bağlantıyı kesmek**	[baalantıi kesmek]
conetar (vt)	**bağlamak**	[baalamak]

140. Internet. E-mail

internet (f)	**internet**	[internet]
browser (m)	**gözatıcı**	[gøzatidʒı]
motor (m) de busca	**arama motoru**	[arama motoru]
provedor (m)	**Internet sağlayıcı**	[internet saalaıdʒı]
webmaster (m)	**Web master**	[veb master]
website, sítio web (m)	**internet sitesi**	[internet sitesi]
página (f) web	**internet sayfası**	[internet sajfası]
endereço (m)	**adres**	[adres]
livro (m) de endereços	**adres defteri**	[adres defteri]
caixa (f) de correio	**posta kutusu**	[posta kutusu]
correio (m)	**posta**	[posta]
mensagem (f)	**mesaj**	[mesaʒ]
mensagens (f pl) recebidas	**gelen mesajlar**	[gelen mesajlar]
mensagens (f pl) enviadas	**giden mesajlar**	[giden mesajlar]
remetente (m)	**gönderen**	[gønderen]
enviar (vt)	**göndermek**	[gøndermek]
envio (m)	**gönderme**	[gønderme]
destinatário (m)	**alıcı**	[alıdʒı]
receber (vt)	**almak**	[almak]
correspondência (f)	**yazışma**	[jazıʃma]
corresponder-se (vr)	**yazışmak**	[jazıʃmak]
ficheiro (m)	**dosya**	[dosja]
fazer download, baixar	**indirmek**	[indirmek]
criar (vt)	**oluşturmak**	[oluʃturmak]
apagar, eliminar (vt)	**silmek**	[silmek]
eliminado	**silinmiş**	[silinmiʃ]
conexão (f)	**bağlantı**	[baalantı]
velocidade (f)	**hız**	[hız]
modem (m)	**modem**	[modem]
acesso (m)	**erişim**	[eriʃim]
porta (f)	**port, giriş yeri**	[port], [giriʃ jeri]
conexão (f)	**bağlantı**	[baalantı]
conetar (vi)	**... bağlanmak**	[baalanmak]
escolher (vt)	**seçmek**	[setʃmek]
buscar (vt)	**aramak**	[aramak]

Transportes

141. Avião

avião (m)	**uçak**	[utʃak]
bilhete (m) de avião	**uçak bileti**	[utʃak bileti]
companhia (f) aérea	**hava yolları şirketi**	[hava jolları ʃirketi]
aeroporto (m)	**havaalanı**	[havaalanı]
supersónico	**sesüstü**	[sesysty]
comandante (m) do avião	**kaptan pilot**	[kaptan pilot]
tripulação (f)	**ekip**	[ekip]
piloto (m)	**pilot**	[pilot]
hospedeira (f) de bordo	**hostes**	[hostes]
copiloto (m)	**seyrüseferci**	[sejryseferdʒi]
asas (f pl)	**kanatlar**	[kanatlar]
cauda (f)	**kuyruk**	[kujruk]
cabine (f) de pilotagem	**kabin**	[kabin]
motor (m)	**motor**	[motor]
trem (m) de aterragem	**iniş takımı**	[iniʃ takımı]
turbina (f)	**türbin**	[tyrbin]
hélice (f)	**pervane**	[pervane]
caixa-preta (f)	**kara kutu**	[kara kutu]
coluna (f) de controlo	**kumanda kolu**	[kumanda kolu]
combustível (m)	**yakıt**	[jakıt]
instruções (f pl) de segurança	**güvenlik kartı**	[gyvenlik kartı]
máscara (f) de oxigénio	**oksijen maskesi**	[oksiʒen maskesi]
uniforme (m)	**üniforma**	[yniforma]
colete (m) salva-vidas	**can yeleği**	[dʒan jelei]
paraquedas (m)	**paraşüt**	[paraʃyt]
descolagem (f)	**kalkış**	[kalkıʃ]
descolar (vi)	**kalkmak**	[kalkmak]
pista (f) de descolagem	**kalkış pisti**	[kalkıʃ pisti]
visibilidade (f)	**görüş**	[gøryʃ]
voo (m)	**uçuş**	[utʃuʃ]
altura (f)	**yükseklik**	[jukseklik]
poço (m) de ar	**hava boşluğu**	[hava boʃluu]
assento (m)	**yer**	[jer]
auscultadores (m pl)	**kulaklık**	[kulaklık]
mesa (f) rebatível	**katlanır tepsi**	[katlanır tepsi]
vigia (f)	**pencere**	[pendʒere]
passagem (f)	**koridor**	[koridor]

142. Comboio

comboio (m)	**tren**	[tren]
comboio (m) suburbano	**elektrikli tren**	[elektrikli tren]
comboio (m) rápido	**hızlı tren**	[hızlı tren]
locomotiva (f) diesel	**dizel lokomotifi**	[dizel lokomotifi]
locomotiva (f) a vapor	**buharlı lokomotif**	[buharlı lokomotif]
carruagem (f)	**vagon**	[vagon]
carruagem restaurante (f)	**vagon restoran**	[vagon restoran]
carris (m pl)	**ray**	[raj]
caminho de ferro (m)	**demir yolu**	[demir jolu]
travessa (f)	**travers**	[travers]
plataforma (f)	**peron**	[peron]
linha (f)	**yol**	[jol]
semáforo (m)	**semafor**	[semafor]
estação (f)	**istasyon**	[istasjon]
maquinista (m)	**makinist**	[makinist]
bagageiro (m)	**hamal**	[hamal]
hospedeiro, -a (da carruagem)	**kondüktör**	[kondyktør]
passageiro (m)	**yolcu**	[joldʒu]
revisor (m)	**kondüktör**	[kondyktør]
corredor (m)	**koridor**	[koridor]
freio (m) de emergência	**imdat freni**	[imdat freni]
compartimento (m)	**kompartıman**	[kompartıman]
cama (f)	**yatak**	[jatak]
cama (f) de cima	**üst yatak**	[yst jatak]
cama (f) de baixo	**alt yatak**	[alt jatak]
roupa (f) de cama	**yatak takımı**	[jatak takımı]
bilhete (m)	**bilet**	[bilet]
horário (m)	**tarife**	[tarife]
painel (m) de informação	**sefer tarifesi**	[sefer tarifesi]
partir (vt)	**kalkmak**	[kalkmak]
partida (f)	**kalkış**	[kalkıʃ]
chegar (vi)	**varmak**	[varmak]
chegada (f)	**varış**	[varıʃ]
chegar de comboio	**trenle gelmek**	[trenle gelmek]
apanhar o comboio	**trene binmek**	[trene binmek]
sair do comboio	**trenden inmek**	[trenden inmek]
acidente (m) ferroviário	**tren enkazı**	[tren enkazı]
descarrilar (vi)	**raydan çıkmak**	[rajdan ʧıkmak]
locomotiva (f) a vapor	**buharlı lokomotif**	[buharlı lokomotif]
fogueiro (m)	**ocakçı**	[odʒakʧı]
fornalha (f)	**ocak**	[odʒak]
carvão (m)	**kömür**	[kømyr]

143. Barco

navio (m)	**gemi**	[gemi]
embarcação (f)	**tekne**	[tekne]
vapor (m)	**vapur**	[vapur]
navio (m)	**dizel motorlu gemi**	[dizel motorlu gemi]
transatlântico (m)	**büyük gemi**	[byjuk gemi]
cruzador (m)	**kruvazör**	[kruvazør]
iate (m)	**yat**	[jat]
rebocador (m)	**römorkör**	[rømorkør]
barcaça (f)	**yük dubası**	[juk dubası]
ferry (m)	**feribot**	[feribot]
veleiro (m)	**yelkenli gemi**	[jelkenli gemi]
bergantim (m)	**gulet**	[gulet]
quebra-gelo (m)	**buzkıran**	[buzkıran]
submarino (m)	**denizaltı**	[denizaltı]
bote, barco (m)	**kayık**	[kajık]
bote, dingue (m)	**filika**	[filika]
bote (m) salva-vidas	**cankurtaran filikası**	[ʤankurtaran filikası]
lancha (f)	**sürat teknesi**	[syrat teknesi]
capitão (m)	**kaptan**	[kaptan]
marinheiro (m)	**tayfa**	[tajfa]
marujo (m)	**denizci**	[denizʤi]
tripulação (f)	**mürettebat**	[myrettebat]
contramestre (m)	**lostromo**	[lostromo]
grumete (m)	**miço**	[miʧo]
cozinheiro (m) de bordo	**gemi aşçısı**	[gemi aʃʧısı]
médico (m) de bordo	**gemi doktoru**	[gemi doktoru]
convés (m)	**güverte**	[gyverte]
mastro (m)	**direk**	[direk]
vela (f)	**yelken**	[jelken]
porão (m)	**ambar**	[ambar]
proa (f)	**geminin baş tarafı**	[geminin baʃ tarafı]
popa (f)	**kıç**	[kıʧ]
remo (m)	**kürek**	[kyrek]
hélice (f)	**pervane**	[pervane]
camarote (m)	**kamara**	[kamara]
sala (f) dos oficiais	**subay yemek salonu**	[subaj jemek salonu]
sala (f) das máquinas	**makine dairesi**	[makine dairesi]
ponte (m) de comando	**kaptan köprüsü**	[kaptan køprysy]
sala (f) de comunicações	**telsiz odası**	[telsiz odası]
onda (f) de rádio	**dalga**	[dalga]
diário (m) de bordo	**gemi jurnali**	[gemi ʒurnalı]
luneta (f)	**tek dürbün**	[tek dyrbyn]
sino (m)	**çan**	[ʧan]

bandeira (f)	**bayrak**	[bajrak]
cabo (m)	**halat**	[halat]
nó (m)	**düğüm**	[dyjum]
corrimão (m)	**vardavela**	[vardavela]
prancha (f) de embarque	**iskele**	[iskele]
âncora (f)	**çapa, demir**	[ʧapa], [demir]
recolher a âncora	**demir almak**	[demir almak]
lançar a âncora	**demir atmak**	[demir atmak]
amarra (f)	**çapa zinciri**	[ʧapa zinʤiri]
porto (m)	**liman**	[liman]
cais, amarradouro (m)	**iskele, rıhtım**	[iskele], [rıhtım]
atracar (vi)	**yanaşmak**	[janaʃmak]
desatracar (vi)	**iskeleden ayrılmak**	[iskeleden ajrılmak]
viagem (f)	**seyahat**	[sejahat]
cruzeiro (m)	**gemi turu**	[gemi turu]
rumo (m), rota (f)	**seyir**	[sejir]
itinerário (m)	**rota**	[rota]
canal (m) navegável	**seyir koridoru**	[sejir koridoru]
banco (m) de areia	**sığlık**	[sı:ılık]
encalhar (vt)	**karaya oturmak**	[karaja oturmak]
tempestade (f)	**fırtına**	[fırtına]
sinal (m)	**sinyal**	[sinjal]
afundar-se (vr)	**batmak**	[batmak]
Homem ao mar!	**denize adam düştü**	[denize adam dyʃty]
SOS	**SOS**	[es o es]
boia (f) salva-vidas	**can simidi**	[ʤan simidi]

144. Aeroporto

aeroporto (m)	**havaalanı**	[havaalanı]
avião (m)	**uçak**	[uʧak]
companhia (f) aérea	**hava yolları şirketi**	[hava jolları ʃirketi]
controlador (m) de tráfego aéreo	**hava trafik kontrolörü**	[hava trafik kontroløry]
partida (f)	**kalkış**	[kalkıʃ]
chegada (f)	**varış**	[varıʃ]
chegar (~ de avião)	**varmak**	[varmak]
hora (f) de partida	**kalkış saati**	[kalkıʃ saati]
hora (f) de chegada	**iniş saati**	[iniʃ saati]
estar atrasado	**gecikmek**	[geʤikmek]
atraso (m) de voo	**gecikme**	[geʤikme]
painel (m) de informação	**bilgi panosu**	[bilgi panosu]
informação (f)	**danışma**	[danıʃma]
anunciar (vt)	**anons etmek**	[anons etmek]

voo (m)	**uçuş, sefer**	[utʃuʃ], [sefer]
alfândega (f)	**gümrük**	[gymryk]
funcionário (m) da alfândega	**gümrükçü**	[gymryktʃu]
declaração (f) alfandegária	**gümrük beyannamesi**	[gymryk bejannamesi]
preencher (vt)	**doldurmak**	[doldurmak]
preencher a declaração	**beyanname doldurmak**	[bejanname doldurmak]
controlo (m) de passaportes	**pasaport kontrol**	[pasaport kontrol]
bagagem (f)	**bagaj**	[bagaʒ]
bagagem (f) de mão	**el bagajı**	[el bagaʒı]
carrinho (m)	**bagaj arabası**	[bagaʒ arabası]
aterragem (f)	**iniş**	[iniʃ]
pista (f) de aterragem	**iniş pisti**	[iniʃ pisti]
aterrar (vi)	**inmek**	[inmek]
escada (f) de avião	**uçak merdiveni**	[utʃak merdiveni]
check-in (m)	**check-in**	[tʃek in]
balcão (m) do check-in	**kontuar check-in**	[kontuar tʃek in]
fazer o check-in	**check-in yapmak**	[tʃek in japmak]
cartão (m) de embarque	**biniş kartı**	[biniʃ kartı]
porta (f) de embarque	**çıkış kapısı**	[tʃıkıʃ kapısı]
trânsito (m)	**transit**	[transit]
esperar (vi, vt)	**beklemek**	[beklemek]
sala (f) de espera	**bekleme salonu**	[bekleme salonu]
despedir-se de ...	**yolcu etmek**	[joldʒu etmek]
despedir-se (vr)	**vedalaşmak**	[vedalaʃmak]

145. Bicicleta. Motocicleta

bicicleta (f)	**bisiklet**	[bisiklet]
scotter, lambreta (f)	**scooter**	[skuter]
mota (f)	**motosiklet**	[motosiklet]
ir de bicicleta	**bisikletle gitmek**	[bisikletle gitmek]
guiador (m)	**gidon**	[gidon]
pedal (m)	**pedal**	[pedal]
travões (m pl)	**fren, frenler**	[fren], [frenler]
selim (m)	**bisiklet selesi**	[bisiklet selesi]
bomba (f) de ar	**pompa**	[pompa]
porta-bagagens (m)	**bisiklet bagajı**	[bisiklet bagaʒı]
lanterna (f)	**ön lamba**	[øn lamba]
capacete (m)	**kask**	[kask]
roda (f)	**tekerlek**	[tekerlek]
guarda-lamas (m)	**çamurluk**	[tʃamurluk]
aro (m)	**jant**	[ʒant]
raio (m)	**jant teli**	[ʒant teli]

Carros

146. Tipos de carros

carro, automóvel (m)	**araba**	[araba]
carro (m) desportivo	**spor araba**	[spor araba]
limusine (f)	**limuzin**	[limuzin]
todo o terreno (m)	**arazi aracı**	[arazi aradʒı]
descapotável (m)	**üstü açılabilir araba**	[ysty atʃılabilir araba]
minibus (m)	**minibüs**	[minibys]
ambulância (f)	**ambulans**	[ambulans]
limpa-neve (m)	**kar temizleme aracı**	[kar temizleme aradʒı]
camião (m)	**kamyon**	[kamjon]
camião-cisterna (m)	**akaryakıt tankeri**	[akarjakıt tankeri]
carrinha (f)	**kamyonet**	[kamjonet]
camião-trator (m)	**tır çekici**	[tir tʃekidʒı]
atrelado (m)	**römork**	[rømork]
confortável	**konforlu**	[konforlu]
usado	**kullanılmış**	[kullanılmıʃ]

147. Carros. Carroçaria

capô (m)	**kaporta**	[kaporta]
guarda-lamas (m)	**çamurluk**	[tʃamurluk]
tejadilho (m)	**çatı**	[tʃatı]
para-brisa (m)	**ön cam**	[øn dʒam]
espelho (m) retrovisor	**dikiz aynası**	[dikiz ajnası]
lavador (m)	**ön cam yıkayıcı**	[øn dʒam jıkajıdʒi]
limpa-para-brisas (m)	**silecek**	[siledʒek]
vidro (m) lateral	**yan camisi**	[jan dʒamisi]
elevador (m) do vidro	**cam krikosu**	[dʒam krikosu]
antena (f)	**anten**	[anten]
teto solar (m)	**açılır tavan**	[atʃılır tavan]
para-choques (m pl)	**tampon**	[tampon]
bagageira (f)	**bagaj**	[bagaʒ]
bagageira (f) de tejadilho	**portbagaj**	[portbagaʒ]
porta (f)	**kapı**	[kapı]
maçaneta (f)	**kapı kolu**	[kapı kolu]
fechadura (f)	**kilit**	[kilit]
matrícula (f)	**plaka**	[plaka]
silenciador (m)	**susturucu**	[susturudʒu]

tanque (m) de gasolina	**benzin deposu**	[benzin deposu]
tubo (m) de escape	**egzoz borusu**	[egzoz borusu]
acelerador (m)	**gaz**	[gaz]
pedal (m)	**pedal**	[pedal]
pedal (m) do acelerador	**gaz pedalı**	[gaz pedalı]
travão (m)	**fren**	[fren]
pedal (m) do travão	**fren pedalı**	[fren pedalı]
travar (vt)	**yavaşlamak**	[javaʃlamak]
travão (m) de mão	**el freni**	[el freni]
embraiagem (f)	**debriyaj**	[debrijaʒ]
pedal (m) da embraiagem	**debriyaj pedalı**	[debrijaʒ pedalı]
disco (m) de embraiagem	**debriyaj diski**	[debrijaʒ diski]
amortecedor (m)	**amortisör**	[amortisør]
roda (f)	**tekerlek**	[tekerlek]
pneu (m) sobresselente	**istepne**	[istepne]
pneu (m)	**lastik**	[lastik]
tampão (m) de roda	**jant kapağı**	[ʒant kapaı]
rodas (f pl) motrizes	**çalıştırma dişlisi**	[ʧalıʃtırma diʃlisi]
de tração dianteira	**önden çekişli**	[ønden ʧekiʃli]
de tração traseira	**arkadan çekişli**	[arkadan ʧekiʃli]
de tração às 4 rodas	**dört çeker**	[dørt ʧeker]
caixa (f) de mudanças	**vites kutusu**	[vites kutusu]
automático	**otomatik**	[otomatik]
mecânico	**mekanik**	[mekanik]
alavanca (f) das mudanças	**vites kolu**	[vites kolu]
farol (m)	**far**	[far]
faróis, luzes	**farlar**	[farlar]
médios (m pl)	**kısa huzmeli**	[kısa huzmeli]
máximos (m pl)	**uzun huzmeli farlar**	[uzun hyzmeli farlar]
luzes (f pl) de stop	**fren lambası**	[fren lambası]
mínimos (m pl)	**park lambası**	[park lambası]
luzes (f pl) de emergência	**tehlike uyarı ışığı**	[tehlike ujarı iʃı:ı]
faróis (m pl) antinevoeiro	**sis lambaları**	[sis lambaları]
pisca-pisca (m)	**dönüş sinyali**	[dønyʃ sinjali]
luz (f) de marcha atrás	**geri vites lambası**	[geri vites lambası]

148. Carros. Habitáculo

interior (m) do carro	**arabanın içi**	[arabanın iʧi]
de couro, de pele	**deri**	[deri]
de veludo	**velur**	[velyr]
estofos (m pl)	**iç döşeme**	[iʧ døʃeme]
indicador (m)	**gösterge**	[gøsterge]
painel (m) de instrumentos	**gösterge paneli**	[gøsterge paneli]

velocímetro (m)	**hız göstergesi**	[hız gøstergesi]
ponteiro (m)	**ibre**	[ibre]
conta-quilómetros (m)	**kilometre sayacı**	[kilometre sajadʒı]
sensor (m)	**sensör**	[sensør]
nível (m)	**seviye**	[sevije]
luz (f) avisadora	**gösterge lambası**	[gøsterge lambası]
volante (m)	**direksiyon**	[direksjon]
buzina (f)	**klakson sesi**	[klakson sesi]
botão (m)	**düğme**	[dyjme]
interruptor (m)	**şalteri**	[ʃalteri]
assento (m)	**koltuk**	[koltuk]
costas (f pl) do assento	**arka koltuk**	[arka koltuk]
cabeceira (f)	**koltuk başlığı**	[koltuk baʃlı:ı]
cinto (m) de segurança	**emniyet kemeri**	[emnijet kemeri]
apertar o cinto	**emniyet kemeri takmak**	[emnijet kemeri takmak]
regulação (f)	**ayarlama**	[ajarlama]
airbag (m)	**hava yastığı**	[hava jastı:ı]
ar (m) condicionado	**klima**	[klima]
rádio (m)	**radyo**	[radjo]
leitor (m) de CD	**CD çalar**	[sidi ʧalar]
ligar (vt)	**açmak**	[aʧmak]
antena (f)	**anten**	[anten]
porta-luvas (m)	**torpido gözü**	[torpido gøzly]
cinzeiro (m)	**küllük**	[kyllyk]

149. Carros. Motor

motor (m)	**makina**	[makina]
motor (m)	**motor**	[motor]
diesel	**dizel**	[dizel]
a gasolina	**benzinli**	[benzinlı]
cilindrada (f)	**motor hacmi**	[motor hadʒmi]
potência (f)	**güç**	[gyʧ]
cavalo-vapor (m)	**beygir gücü**	[bejgir gydʒy]
pistão (m)	**piston**	[piston]
cilindro (m)	**silindir**	[silindir]
válvula (f)	**supap**	[supap]
injetor (m)	**enjektör**	[enʒektør]
gerador (m)	**jeneratör**	[ʒeneratør]
carburador (m)	**karbüratör**	[karbyratør]
óleo (m) para motor	**motor yağı**	[motor jaı]
radiador (m)	**radyatör**	[radjatør]
refrigerante (m)	**soğutucu sıvı**	[soutudʒu sıvı]
ventilador (m)	**soğutma fanı**	[soutma fanı]
bateria (f)	**akü**	[aky]
dispositivo (m) de arranque	**marş, starter**	[marʃ], [starter]

ignição (f)	**ateşleme**	[ateʃleme]
vela (f) de ignição	**ateşleme bujisi**	[ateʃleme buʒisi]
borne (m)	**terminal**	[terminal]
borne (m) positivo	**artı kutup**	[artı kutup]
borne (m) negativo	**eksi kutup**	[eksi kutup]
fusível (m)	**sigorta**	[sigorta]
filtro (m) de ar	**hava filtresi**	[hava filtresi]
filtro (m) de óleo	**yağ filtresi**	[jaa filtresi]
filtro (m) de combustível	**yakıt filtresi**	[jakıt filtresi]

150. Carros. Batidas. Reparação

acidente (m) de carro	**kaza**	[kaza]
acidente (m) rodoviário	**trafik kazası**	[trafik kazası]
ir contra ...	**bindirmek**	[bindirmek]
sofrer um acidente	**kaza yapmak**	[kaza japmak]
danos (m pl)	**hasar**	[hasar]
intato	**sağlam**	[saalam]
avaria (no motor, etc.)	**arıza**	[arıza]
avariar (vi)	**arıza yapmak**	[arıza japmak]
cabo (m) de reboque	**çekme halatı**	[ʧekme halatı]
furo (m)	**delik**	[delik]
estar furado	**sönmek**	[sønmek]
encher (vt)	**hava basmak**	[hava basmak]
pressão (f)	**basınç**	[basınʧ]
verificar (vt)	**kontrol etmek**	[kontrol etmek]
reparação (f)	**tamirat**	[tamirat]
oficina (f) de reparação de carros	**tamirhane**	[tamirhane]
peça (f) sobresselente	**yedek parça**	[jedek parʧa]
peça (f)	**parça**	[parʧa]
parafuso (m)	**cıvata**	[ʤıvata]
parafuso (m)	**vida**	[vida]
porca (f)	**somun**	[somun]
anilha (f)	**pul**	[pul]
rolamento (m)	**rulman**	[rulman]
tubo (m)	**hortum, boru**	[hortum], [boru]
junta (f)	**conta**	[ʤonta]
fio, cabo (m)	**tel**	[tel]
macaco (m)	**kriko**	[kriko]
chave (f) de boca	**somun anahtarı**	[somun anahtarı]
martelo (m)	**çekiç**	[ʧekiʧ]
bomba (f)	**pompa**	[pompa]
chave (f) de fendas	**tornavida**	[tornavida]
extintor (m)	**yangın tüpü**	[jangın typy]
triângulo (m) de emergência	**üçgen reflektör**	[yʧgen reflektør]

parar (vi) (motor)	**durmak**	[durmak]
paragem (f)	**arızalanıp stop etme**	[arızalanıp stop etme]
estar quebrado	**bozuk olmak**	[bozuk olmak]
superaquecer-se (vr)	**aşırı ısınmak**	[aʃırı isınmak]
entupir-se (vr)	**tıkanmak**	[tıkanmak]
congelar-se (vr)	**donmak**	[donmak]
rebentar (vi)	**patlamak**	[patlamak]
pressão (f)	**basınç**	[basıntʃ]
nível (m)	**seviye**	[sevije]
frouxo	**gevşek**	[gevʃek]
mossa (f)	**ezik, vuruk**	[ezik], [vuruk]
ruído (m)	**gürültü**	[gyrylty]
fissura (f)	**çatlak**	[tʃatlak]
arranhão (m)	**çizik**	[tʃizik]

151. Carros. Estrada

estrada (f)	**yol**	[jol]
autoestrada (f)	**otoban**	[otoban]
rodovia (f)	**şose**	[ʃose]
direção (f)	**istikamet**	[istikamet]
distância (f)	**mesafe**	[mesafe]
ponte (f)	**köprü**	[køpry]
parque (m) de estacionamento	**park yeri**	[park jeri]
praça (f)	**meydan**	[mejdan]
nó (m) rodoviário	**kavşak**	[kavʃak]
túnel (m)	**tünel**	[tynel]
posto (m) de gasolina	**yakıt istasyonu**	[jakıt istasjonu]
parque (m) de estacionamento	**otopark**	[otopark]
bomba (f) de gasolina	**benzin pompası**	[benzin pompası]
oficina (f) de reparação de carros	**tamirhane**	[tamirhane]
abastecer (vt)	**depoyu doldurmak**	[depoju doldurmak]
combustível (m)	**yakıt**	[jakıt]
bidão (m) de gasolina	**benzin bidonu**	[benzin bidonu]
asfalto (m)	**asfalt**	[asfalt]
marcação (f) de estradas	**yol çizgileri**	[jol tʃizgileri]
lancil (m)	**bordür**	[bordyr]
proteção (f) guard-rail	**otoyol korkuluk**	[otojol korkylyk]
valeta (f)	**hendek**	[hendek]
berma (f) da estrada	**yol kenarı**	[jol kenarı]
poste (m) de luz	**direk**	[direk]
conduzir, guiar (vt)	**sürmek**	[syrmek]
virar (ex. ~ à direita)	**dönmek**	[dønmek]
dar retorno	**U dönüşü yapmak**	[u dønyʃy japmak]
marcha-atrás (f)	**geri vites**	[geri vites]
buzinar (vi)	**korna çalmak**	[korna tʃalmak]

buzina (f)	**korna sesi**	[korna sesi]
atolar-se (vr)	**saplanmak**	[saplanmak]
patinar (na lama)	**patinaj yapmak**	[patinaʒ japmak]
desligar (vt)	**motoru durdurmak**	[motoru durdurmak]
velocidade (f)	**hız**	[hız]
exceder a velocidade	**hız limitini aşmak**	[hız limitinı aʃmak]
multar (vt)	**ceza kesmek**	[dʒeza kesmek]
semáforo (m)	**trafik ışıkları**	[trafik ıʃıkları]
carta (f) de condução	**ehliyet**	[ehlijet]
passagem (f) de nível	**hemzemin geçit**	[hemzemin getʃit]
cruzamento (m)	**kavşak**	[kavʃak]
passadeira (f)	**yaya geçidi**	[jaja getʃidi]
curva (f)	**viraj**	[viraʒ]
zona (f) pedonal	**yaya bölgesi**	[jaja bølgesi]

PESSOAS. EVENTOS

Eventos

152. Férias. Evento

festa (f)	**bayram**	[bajram]
festa (f) nacional	**ulusal bayram**	[ulusal bajram]
feriado (m)	**bayram günü**	[bajram gyny]
festejar (vt)	**onurlandırmak**	[onurlandırmak]
evento (festa, etc.)	**olay**	[olaj]
evento (banquete, etc.)	**olay**	[olaj]
banquete (m)	**ziyafet**	[zijafet]
receção (f)	**kabul töreni**	[kabul tøreni]
festim (m)	**şölen**	[ʃølen]
aniversário (m)	**yıldönümü**	[jıldønymy]
jubileu (m)	**jübile**	[ʒybile]
celebrar (vt)	**kutlamak**	[kutlamak]
Ano (m) Novo	**Yıl başı**	[jıl baʃı]
Feliz Ano Novo!	**Mutlu yıllar!**	[mutlu jıllar]
Natal (m)	**Noel**	[noel]
Feliz Natal!	**Mutlu Noeller!**	[mutlu noeller]
árvore (f) de Natal	**Yılbaşı ağacı**	[jılbaʃı aadʒı]
fogo (m) de artifício	**havai fişek**	[havai fiʃek]
boda (f)	**düğün**	[dyjun]
noivo (m)	**nişanlı**	[niʃanlı]
noiva (f)	**gelin**	[gelin]
convidar (vt)	**davet etmek**	[davet etmek]
convite (m)	**davetiye**	[davetije]
convidado (m)	**davetli**	[davetli]
visitar (vt)	**ziyaret etmek**	[zijaret etmek]
receber os hóspedes	**misafirleri karşılamak**	[misafirleri karʃılamak]
presente (m)	**hediye**	[hedije]
oferecer (vt)	**vermek**	[vermek]
receber presentes	**hediye almak**	[hedije almak]
ramo (m) de flores	**demet**	[demet]
felicitações (f pl)	**tebrikler**	[tebrikler]
felicitar (dar os parabéns)	**tebrik etmek**	[tebrik etmek]
cartão (m) de parabéns	**tebrik kartı**	[tebrik kartı]
enviar um postal	**tebrik kartı göndermek**	[tebrik kartı gøndermek]

receber um postal	**tebrik kartı almak**	[tebrik kartı almak]
brinde (m)	**kadeh kaldırma**	[kadeh kaldırma]
oferecer (vt)	**ikram etmek**	[ikram etmek]
champanhe (m)	**şampanya**	[ʃampanja]
divertir-se (vr)	**eğlenmek**	[eelenmek]
diversão (f)	**neşe**	[neʃe]
alegria (f)	**neşe, sevinç**	[neʃe], [sevintʃ]
dança (f)	**dans**	[dans]
dançar (vi)	**dans etmek**	[dans etmek]
valsa (f)	**vals**	[vals]
tango (m)	**tango**	[tango]

153. Funerais. Enterro

cemitério (m)	**mezarlık**	[mezarlık]
sepultura (f), túmulo (m)	**mezar**	[mezar]
cruz (f)	**haç**	[hatʃ]
lápide (f)	**mezar taşı**	[mezar taʃı]
cerca (f)	**çit**	[tʃit]
capela (f)	**ibadet yeri**	[ibadet jeri]
morte (f)	**ölüm**	[ølym]
morrer (vi)	**ölmek**	[ølmek]
defunto (m)	**ölü**	[øly]
luto (m)	**yas**	[jas]
enterrar, sepultar (vt)	**gömmek**	[gømmek]
agência (f) funerária	**cenaze evi**	[dʒenaze evi]
funeral (m)	**cenaze**	[dʒenaze]
coroa (f) de flores	**çelenk**	[tʃelenk]
caixão (m)	**tabut**	[tabut]
carro (m) funerário	**cenaze arabası**	[dʒenaze arabası]
mortalha (f)	**kefen**	[kefen]
procissão (f) funerária	**cenaze alayı**	[dʒenaze alajı]
urna (f) funerária	**kül kabı**	[kyl kabı]
crematório (m)	**krematoryum**	[krematorjum]
obituário (m), necrologia (f)	**anma yazısı**	[anma jazısı]
chorar (vi)	**ağlamak**	[aalamak]
soluçar (vi)	**hıçkırarak ağlamak**	[hıtʃkırarak aalamak]

154. Guerra. Soldados

pelotão (m)	**takım**	[takım]
companhia (f)	**bölük**	[bølyk]
regimento (m)	**alay**	[alaj]
exército (m)	**ordu**	[ordu]

divisão (f)	**tümen**	[tymen]
destacamento (m)	**müfreze**	[myfreze]
hoste (f)	**ordu**	[ordu]
soldado (m)	**asker**	[asker]
oficial (m)	**subay**	[subaj]
soldado (m) raso	**er**	[er]
sargento (m)	**çavuş**	[ʧavuʃ]
tenente (m)	**teğmen**	[teemen]
capitão (m)	**yüzbaşı**	[juzbaʃı]
major (m)	**binbaşı**	[binbaʃı]
coronel (m)	**albay**	[albaj]
general (m)	**general**	[general]
marujo (m)	**denizci**	[denizʤi]
capitão (m)	**yüzbaşı**	[juzbaʃı]
contramestre (m)	**lostromo**	[lostromo]
artilheiro (m)	**topçu askeri**	[topʧu askeri]
soldado (m) paraquedista	**paraşütçü asker**	[paraʃyʧy asker]
piloto (m)	**pilot**	[pilot]
navegador (m)	**seyrüseferci**	[sejryseferʤi]
mecânico (m)	**mekanik teknisyen**	[mekanik teknisjen]
sapador (m)	**istihkam eri**	[istihkam eri]
paraquedista (m)	**paraşütçü**	[paraʃyʧy]
explorador (m)	**keşif eri**	[keʃif eri]
franco-atirador (m)	**keskin nişancı**	[keskin niʃanʤı]
patrulha (f)	**devriye**	[devrije]
patrulhar (vt)	**devriye gezmek**	[devrije gezmek]
sentinela (f)	**nöbetçi**	[nøbeʧi]
guerreiro (m)	**savaşçı**	[savaʃʧı]
patriota (m)	**vatansever**	[vatansever]
herói (m)	**kahraman**	[kahraman]
heroína (f)	**kadın kahraman**	[kadın kahraman]
traidor (m)	**hain**	[hain]
trair (vt)	**ihanet etmek**	[ihanet etmek]
desertor (m)	**asker kaçağı**	[asker kaʧaı]
desertar (vt)	**askerlikten kaçmak**	[askerliktan kaʧmak]
mercenário (m)	**paralı asker**	[paralı asker]
recruta (m)	**acemi er**	[aʤemi er]
voluntário (m)	**gönüllü**	[gønylly]
morto (m)	**ölü**	[øly]
ferido (m)	**yaralı**	[jaralı]
prisioneiro (m) de guerra	**savaş esiri**	[savaʃ esiri]

155. Guerra. Ações militares. Parte 1

guerra (f)	**savaş**	[savaʃ]
guerrear (vt)	**savaşmak**	[savaʃmak]

guerra (f) civil	**iç savaş**	[itʃ savaʃ]
perfidamente	**haince**	[haindʒe]
declaração (f) de guerra	**savaş ilanı**	[savaʃ ilanı]
declarar (vt) guerra	**ilan etmek**	[ilan etmek]
agressão (f)	**saldırı**	[saldırı]
atacar (vt)	**saldırmak**	[saldırmak]
invadir (vt)	**işgal etmek**	[iʃgal etmek]
invasor (m)	**işgalci**	[iʃgaldʒi]
conquistador (m)	**fatih**	[fatiɦ]
defesa (f)	**savunma**	[savunma]
defender (vt)	**savunmak**	[savunmak]
defender-se (vr)	**kendini savunmak**	[kendini savunmak]
inimigo, adversário (m)	**düşman**	[dyʃman]
inimigo	**düşman**	[dyʃman]
estratégia (f)	**strateji**	[strateʒi]
tática (f)	**taktik**	[taktik]
ordem (f)	**emir**	[emir]
comando (m)	**komut**	[komut]
ordenar (vt)	**emretmek**	[emretmek]
missão (f)	**görev**	[gørev]
secreto	**gizli**	[gizli]
batalha (f)	**muharebe**	[muharebe]
combate (m)	**savaş**	[savaʃ]
ataque (m)	**saldırı**	[saldırı]
assalto (m)	**hücum**	[hydʒum]
assaltar (vt)	**hücum etmek**	[hydʒum etmek]
assédio, sítio (m)	**kuşatma**	[kuʃatma]
ofensiva (f)	**taarruz**	[taarruz]
passar à ofensiva	**taarruz etmek**	[taarruz etmek]
retirada (f)	**çekilme**	[tʃekilme]
retirar-se (vr)	**çekilmek**	[tʃekilmek]
cerco (m)	**çembere alma**	[tʃembere alma]
cercar (vt)	**çember içine almak**	[tʃember itʃine almak]
bombardeio (m)	**bombardıman**	[bombardıman]
lançar uma bomba	**bomba atmak**	[bomba atmak]
bombardear (vt)	**bombalamak**	[bombalamak]
explosão (f)	**patlama**	[patlama]
tiro (m)	**atış**	[atıʃ]
disparar um tiro	**atış yapmak**	[atıʃ japmak]
tiroteio (m)	**ateşleme**	[ateʃleme]
apontar para ...	**... nişan almak**	[niʃan almak]
apontar (vt)	**doğrultmak**	[doorultmak]
acertar (vt)	**isabet etmek**	[isabet etmek]

afundar (um navio)	**batırmak**	[batırmak]
brecha (f)	**delik**	[delik]
afundar-se (vr)	**batmak**	[batmak]
frente (m)	**cephe**	[ʤephe]
evacuação (f)	**tahliye**	[tahlije]
evacuar (vt)	**tahliye etmek**	[tahlije etmek]
trincheira (f)	**siper**	[siper]
arame (m) farpado	**dikenli tel**	[dikenli tel]
obstáculo (m) anticarro	**bariyer**	[barijer]
torre (f) de vigia	**kule**	[kule]
hospital (m)	**askeri hastane**	[askeri hastane]
ferir (vt)	**yaralamak**	[jaralamak]
ferida (f)	**yara**	[jara]
ferido (m)	**yaralı**	[jaralı]
ficar ferido	**yara almak**	[jara almak]
grave (ferida ~)	**ciddi**	[ʤiddi]

156. Armas

arma (f)	**silahlar**	[silahlar]
arma (f) de fogo	**ateşli silah**	[ateʃli silah]
arma (f) branca	**çelik kılıç**	[ʧelik kılıʧ]
arma (f) química	**kimyasal silah**	[kimjasal silah]
nuclear	**nükleer**	[nykleer]
arma (f) nuclear	**nükleer silah**	[nykleer silah]
bomba (f)	**bomba**	[bomba]
bomba (f) atómica	**atom bombası**	[atom bombası]
pistola (f)	**tabanca**	[tabanʤa]
caçadeira (f)	**tüfek**	[tyfek]
pistola-metralhadora (f)	**hafif makineli tüfek**	[hafif makineli tyfek]
metralhadora (f)	**makineli tüfek**	[makineli tyfek]
boca (f)	**namlu ağzı**	[namlu aazı]
cano (m)	**namlu**	[namlu]
calibre (m)	**çap**	[ʧap]
gatilho (m)	**tetik**	[tetik]
mira (f)	**nişangah**	[niʃangah]
carregador (m)	**şarjör**	[ʃarʒør]
coronha (f)	**dipçik**	[dipʧik]
granada (f) de mão	**el bombası**	[el bombası]
explosivo (m)	**patlayıcı**	[patlajıʤı]
bala (f)	**kurşun**	[kurʃun]
cartucho (m)	**fişek**	[fiʃek]
carga (f)	**şarj**	[ʃarʒ]
munições (f pl)	**cephane**	[ʤephane]

bombardeiro (m)	**bombardıman uçağı**	[bombardıman utʃaı]
avião (m) de caça	**avcı uçağı**	[avdʒı utʃaı]
helicóptero (m)	**helikopter**	[helikopter]
canhão (m) antiaéreo	**uçaksavar**	[utʃaksavar]
tanque (m)	**tank**	[tank]
canhão (de um tanque)	**tank topu**	[tank topu]
artilharia (f)	**topçu**	[toptʃu]
canhão (m)	**top**	[top]
fazer a pontaria	**doğrultmak**	[doorultmak]
obus (m)	**mermi**	[mermi]
granada (f) de morteiro	**havan mermisi**	[havan mermisı]
morteiro (m)	**havan topu**	[havan topu]
estilhaço (m)	**kıymık**	[kıjmık]
submarino (m)	**denizaltı**	[denizaltı]
torpedo (m)	**torpil**	[torpil]
míssil (m)	**füze**	[fyze]
carregar (uma arma)	**doldurmak**	[doldurmak]
atirar, disparar (vi)	**ateş etmek**	[ateʃ etmek]
apontar para ...	**... nişan almak**	[niʃan almak]
baioneta (f)	**süngü**	[syngy]
espada (f)	**epe**	[epe]
sabre (m)	**kılıç**	[kılıtʃ]
lança (f)	**mızrak**	[mızrak]
arco (m)	**yay**	[jaj]
flecha (f)	**ok**	[ok]
mosquete (m)	**misket tüfeği**	[misket tyfei]
besta (f)	**tatar yayı**	[tatar jajı]

157. Povos da antiguidade

primitivo	**ilkel**	[ilkel]
pré-histórico	**tarih öncesi**	[tarih øndʒesi]
antigo	**antik, eski**	[antik], [eski]
Idade (f) da Pedra	**Taş Çağı**	[taʃ tʃaı]
Idade (f) do Bronze	**Bronz Çağı**	[bronz tʃaı]
período (m) glacial	**Buzul Çağı**	[buzul tʃaı]
tribo (f)	**kabile**	[kabile]
canibal (m)	**yamyam**	[jam jam]
caçador (m)	**avcı**	[avdʒı]
caçar (vi)	**avlamak**	[avlamak]
mamute (m)	**mamut**	[mamut]
caverna (f)	**mağara**	[maara]
fogo (m)	**ateş**	[ateʃ]
fogueira (f)	**kamp ateşi**	[kamp ateʃi]
pintura (f) rupestre	**kaya resmi**	[kaja resmi]

ferramenta (f)	**aletler**	[aletler]
lança (f)	**mızrak**	[mızrak]
machado (m) de pedra	**taş balta**	[taʃ balta]
guerrear (vt)	**savaşmak**	[savaʃmak]
domesticar (vt)	**evcilleştirmek**	[evʤilleʃtirmek]
ídolo (m)	**put**	[put]
adorar, venerar (vt)	**tapmak**	[tapmak]
superstição (f)	**batıl inanç**	[batıl inanʧ]
ritual (m)	**[töre]**	[tøre]
evolução (f)	**evrim**	[evrim]
desenvolvimento (m)	**gelişme**	[geliʃme]
desaparecimento (m)	**kaybolma, yok olma**	[kajbolma], [jok olma]
adaptar-se (vr)	**adapte olmak**	[adapte olmak]
arqueologia (f)	**arkeoloji**	[arkeoloʒi]
arqueólogo (m)	**arkeolog**	[arkeolog]
arqueológico	**arkeolojik**	[arkeoloʒik]
local (m) das escavações	**kazı yeri**	[kazı jeri]
escavações (f pl)	**kazı**	[kazı]
achado (m)	**buluntu**	[buluntu]
fragmento (m)	**parça**	[parʧa]

158. Idade média

povo (m)	**millet, halk**	[millet], [halk]
povos (m pl)	**milletler**	[milletler]
tribo (f)	**kabile**	[kabile]
tribos (f pl)	**kabileler**	[kabileler]
bárbaros (m pl)	**barbarlar**	[barbarlar]
gauleses (m pl)	**Galyalılar**	[galjalılar]
godos (m pl)	**Gotlar**	[gotlar]
eslavos (m pl)	**Slavlar**	[slavlar]
víquingues (m pl)	**Vikingler**	[vikingler]
romanos (m pl)	**Romalılar**	[romalılar]
romano	**Romen**	[romen]
bizantinos (m pl)	**Bizanslılar**	[bizanslılar]
Bizâncio	**Bizans**	[bizans]
bizantino	**Bizanslı**	[bizanslı]
imperador (m)	**imparator**	[imparator]
líder (m)	**lider**	[lider]
poderoso	**kudretli**	[kudretli]
rei (m)	**kral**	[kral]
governante (m)	**ülkenin yöneticisi**	[ylkenin jønetiʤisi]
cavaleiro (m)	**şövalye**	[ʃøvalje]
senhor feudal (m)	**derebeyi**	[derebeji]
feudal	**feodal**	[feodal]

vassalo (m)	**vasal**	[vasal]
duque (m)	**dük**	[dyk]
conde (m)	**kont**	[kont]
barão (m)	**baron**	[baron]
bispo (m)	**piskopos**	[piskopos]
armadura (f)	**zırh**	[zırh]
escudo (m)	**kalkan**	[kalkan]
espada (f)	**kılıç**	[kılıʧ]
viseira (f)	**vizör**	[vizør]
cota (f) de malha	**zincir zırh**	[zinʤir zırh]
cruzada (f)	**haçlı seferi**	[haʧlı seferi]
cruzado (m)	**haçlı**	[haʧlı]
território (m)	**toprak**	[toprak]
atacar (vt)	**saldırmak**	[saldırmak]
conquistar (vt)	**fethetmek**	[fethetmek]
ocupar, invadir (vt)	**işgal etmek**	[iʃgal etmek]
assédio, sítio (m)	**kuşatma**	[kuʃatma]
sitiado	**kuşatılmış**	[kuʃatılmıʃ]
assediar, sitiar (vt)	**kuşatmak**	[kuʃatmak]
inquisição (f)	**engizisyon**	[engizisjon]
inquisidor (m)	**engizisyon mahkemesi üyesi**	[engizisjon mahkemesi jujesi]
tortura (f)	**işkence**	[iʃkenʤe]
cruel	**amansız**	[amansız]
herege (m)	**kafir**	[kafir]
heresia (f)	**sapkınlık**	[sapkınlık]
navegação (f) marítima	**denizcilik**	[denizʤilik]
pirata (m)	**korsan**	[korsan]
pirataria (f)	**korsanlık**	[korsanlık]
abordagem (f)	**mürettebatın yerini alması**	[myrettebatın jerini alması]
presa (f), butim (m)	**ganimet**	[ganimet]
tesouros (m pl)	**hazine**	[hazine]
descobrimento (m)	**keşif**	[keʃif]
descobrir (novas terras)	**keşfetmek**	[keʃfetmek]
expedição (f)	**bilimsel gezisi**	[bilimzel gezisi]
mosqueteiro (m)	**silahşor**	[silahʃor]
cardeal (m)	**kardinal**	[kardinal]
heráldica (f)	**armacılık**	[armaʤılık]
heráldico	**hanedan armasına ait**	[hanedan armasına ait]

159. Líder. Chefe. Autoridades

rei (m)	**kral**	[kral]
rainha (f)	**kraliçe**	[kraliʧe]
real	**kraliyet**	[kralijet]

reino (m)	**krallık**	[krallık]
príncipe (m)	**prens**	[prens]
princesa (f)	**prenses**	[prenses]
presidente (m)	**başkan**	[baʃkan]
vice-presidente (m)	**ikinci başkan**	[ikinʤi baʃkan]
senador (m)	**senatör**	[senatør]
monarca (m)	**hükümdar**	[hykymdar]
governante (m)	**ülkenin yöneticisi**	[ylkenin jønetiʤisi]
ditador (m)	**diktatör**	[diktatør]
tirano (m)	**tiran**	[tiran]
magnata (m)	**magnat**	[magnat]
diretor (m)	**müdür**	[mydyr]
chefe (m)	**şef**	[ʃef]
dirigente (m)	**yönetici**	[jønetiʤi]
patrão (m)	**patron**	[patron]
dono (m)	**sahip**	[sahip]
líder, chefe (m)	**lider**	[lider]
chefe (~ de delegação)	**başkan**	[baʃkan]
autoridades (f pl)	**yetkililer**	[jetkililer]
superiores (m pl)	**şefler**	[ʃefler]
governador (m)	**vali**	[vali]
cônsul (m)	**konsolos**	[konsolos]
diplomata (m)	**diplomat**	[diplomat]
Presidente (m) da Câmara	**belediye başkanı**	[beledije baʃkanı]
xerife (m)	**şerif**	[ʃerif]
imperador (m)	**imparator**	[imparator]
czar (m)	**çar**	[ʧar]
faraó (m)	**firavun**	[firavun]
cã (m)	**han**	[han]

160. Viloação da lei. Criminosos. Parte 1

bandido (m)	**haydut**	[hajdut]
crime (m)	**suç**	[suʧ]
criminoso (m)	**suçlu**	[suʧlu]
ladrão (m)	**hırsız**	[hırsız]
roubar (vt)	**hırsızlık yapmak**	[hırsızlık japmak]
furto (m)	**hırsızlık**	[hırsızlık]
furto (m)	**çalma, soyma**	[ʧalma], [sojma]
raptar (ex. ~ uma criança)	**kaçırmak**	[kaʧırmak]
rapto (m)	**adam kaçırma**	[adam kaʧırma]
raptor (m)	**adam kaçıran**	[adam kaʧıran]
resgate (m)	**fidye**	[fidje]
pedir resgate	**fidye istemek**	[fidje istemek]
roubar (vt)	**soymak**	[sojmak]

assalto, roubo (m)	**silahlı soygun**	[silahlı sojgun]
assaltante (m)	**soyguncu**	[sojgundʒu]
extorquir (vt)	**şantaj yapmak**	[ʃantaʒ japmak]
extorsionário (m)	**şantajcı**	[ʃantaʒdʒı]
extorsão (f)	**şantaj**	[ʃantaʒ]
matar, assassinar (vt)	**öldürmek**	[øldyrmek]
homicídio (m)	**öldürme**	[øldyrme]
homicida, assassino (m)	**katil**	[katil]
tiro (m)	**atış**	[atıʃ]
dar um tiro	**atış yapmak**	[atıʃ japmak]
matar a tiro	**vurmak**	[vurmak]
atirar, disparar (vi)	**ateş etmek**	[ateʃ etmek]
tiroteio (m)	**ateş etme**	[ateʃ etme]
incidente (m)	**olay**	[olaj]
briga (~ de rua)	**kavga**	[kavga]
Socorro!	**İmdat!**	[imdat]
vítima (f)	**kurban**	[kurban]
danificar (vt)	**zarar vermek**	[zarar vermek]
dano (m)	**zarar**	[zarar]
cadáver (m)	**ceset**	[dʒeset]
grave	**ağır**	[aır]
atacar (vt)	**saldırmak**	[saldırmak]
bater (espancar)	**vurmak**	[vurmak]
espancar (vt)	**dövmek**	[døvmek]
tirar, roubar (dinheiro)	**zorla almak**	[zorla almak]
esfaquear (vt)	**bıçakla öldürmek**	[bıtʃakla øldyrmek]
mutilar (vt)	**sakatlamak**	[sakatlamak]
ferir (vt)	**yaralamak**	[jaralamak]
chantagem (f)	**şantaj**	[ʃantaʒ]
chantagear (vt)	**şantaj yapmak**	[ʃantaʒ japmak]
chantagista (m)	**şantajcı**	[ʃantaʒdʒı]
extorsão (em troca de proteção)	**haraç**	[haratʃ]
extorsionário (m)	**haraççı**	[haratʃı]
gângster (m)	**gangster**	[gangster]
máfia (f)	**mafya**	[mafja]
carteirista (m)	**yankesici**	[jankesidʒi]
assaltante, ladrão (m)	**hırsız**	[hırsız]
contrabando (m)	**kaçakçılık**	[katʃaktʃılık]
contrabandista (m)	**kaçakçı**	[katʃaktʃı]
falsificação (f)	**taklit**	[taklit]
falsificar (vt)	**taklit etmek**	[taklit etmek]
falsificado	**sahte**	[sahte]

161. Viloação da lei. Criminosos. Parte 2

violação (f)	**ırza geçme**	[ırza getʃme]
violar (vt)	**ırzına geçmek**	[ırzına getʃmek]
violador (m)	**zorba**	[zorba]
maníaco (m)	**manyak**	[manjak]
prostituta (f)	**hayat kadını**	[hajat kadını]
prostituição (f)	**hayat kadınlığı**	[hajat kadınlı:ı]
chulo (m)	**kadın tüccarı**	[kadın tydʒarı]
toxicodependente (m)	**uyuşturucu bağımlısı**	[ujuʃturudʒu baımlısı]
traficante (m)	**uyuşturucu taciri**	[ujuʃturudʒu tadʒiri]
explodir (vt)	**patlatmak**	[patlamak]
explosão (f)	**patlama**	[patlama]
incendiar (vt)	**yangın çıkarmak**	[jangın tʃıkarmak]
incendiário (m)	**kundakçı**	[kundaktʃı]
terrorismo (m)	**terörizm**	[terørizm]
terrorista (m)	**terörist**	[terørist]
refém (m)	**tutak, rehine**	[tutak], [rehine]
enganar (vt)	**dolandırmak**	[dolandırmak]
engano (m)	**dolandırma**	[dolandırma]
vigarista (m)	**dolandırıcı**	[dolandırıdʒı]
subornar (vt)	**rüşvet vermek**	[ryʃvet vermek]
suborno (atividade)	**rüşvet verme**	[ryʃvet verme]
suborno (dinheiro)	**rüşvet**	[ryʃvet]
veneno (m)	**zehir**	[zehir]
envenenar (vt)	**zehirlemek**	[zehirlemek]
envenenar-se (vr)	**birisini zehirlemek**	[birisini zehirlemek]
suicídio (m)	**intihar**	[intihar]
suicida (m)	**intihar eden kimse**	[intihar eden kimse]
ameaçar (vt)	**tehdit etmek**	[tehdit etmek]
ameaça (f)	**tehdit**	[tehdit]
atentar contra a vida de ...	**öldürmeye çalışmak**	[øldyrmeje tʃalıʃmak]
atentado (m)	**suikast**	[suitkast]
roubar (o carro)	**çalmak**	[tʃalmak]
desviar (o avião)	**kaçırmak**	[katʃırmak]
vingança (f)	**intikam**	[intikam]
vingar (vt)	**intikam almak**	[intikam almak]
torturar (vt)	**işkence etmek**	[iʃkendʒe etmek]
tortura (f)	**işkence**	[iʃkendʒe]
atormentar (vt)	**acı çektirmek**	[adʒı tʃektirmek]
pirata (m)	**korsan**	[korsan]
desordeiro (m)	**holigan**	[holigan]

armado	**silahlı**	[silahlı]
violência (f)	**şiddet olayları**	[ʃiddet olajarı]
ilegal	**yasadışı**	[jasadıʃı]
espionagem (f)	**casusluk**	[ʤasusluk]
espionar (vi)	**casusluk yapmak**	[ʤasusluk japmak]

162. Polícia. Lei. Parte 1

justiça (f)	**adalet**	[adalet]
tribunal (m)	**mahkeme**	[mahkeme]
juiz (m)	**yargıç**	[jargıʧ]
jurados (m pl)	**jüri üyesi**	[ʒyri jujesi]
tribunal (m) do júri	**jürili yargılama**	[ʒyrili jargılama]
julgar (vt)	**yargılamak**	[jargılamak]
advogado (m)	**avukat**	[avukat]
réu (m)	**sanık**	[sanık]
banco (m) dos réus	**sanık sandalyesi**	[sanık sandaljesi]
acusação (f)	**suçlama**	[suʧlama]
acusado (m)	**sanık**	[sanık]
sentença (f)	**ceza, hüküm**	[ʤeza], [hykym]
sentenciar (vt)	**mahkum etmek**	[mahkym etmek]
culpado (m)	**suçlu**	[suʧlu]
punir (vt)	**cezalandırmak**	[ʤezalandırmak]
punição (f)	**ceza**	[ʤeza]
multa (f)	**ceza**	[ʤeza]
prisão (f) perpétua	**ömür boyu hapis**	[ømyr boju hapis]
pena (f) de morte	**ölüm cezası**	[ølym ʤezası]
cadeira (f) elétrica	**elektrikli sandalye**	[elektrikli sandalje]
forca (f)	**darağacı**	[daraaʤı]
executar (vt)	**idam etmek**	[idam etmek]
execução (f)	**idam**	[idam]
prisão (f)	**hapishane**	[hapishane]
cela (f) de prisão	**hücre, koğuş**	[hyʤre], [kouʃ]
escolta (f)	**muhafız takımı**	[muhafız takımı]
guarda (m) prisional	**gardiyan**	[gardijan]
preso (m)	**tutuklu**	[tutuklu]
algemas (f pl)	**kelepçe**	[keleptʃe]
algemar (vt)	**kelepçelemek**	[keleptʃelemek]
fuga, evasão (f)	**kaçma**	[katʃma]
fugir (vi)	**kaçmak**	[katʃmak]
desaparecer (vi)	**kaybolmak**	[kajbolmak]
soltar, libertar (vt)	**tahliye etmek**	[tahlije etmek]

amnistia (f)	**af**	[af]
polícia (instituição)	**polis**	[polis]
polícia (m)	**erkek polis**	[erkek polis]
esquadra (f) de polícia	**polis karakolu**	[polis karakolu]
cassetete (m)	**cop**	[ʤop]
megafone (m)	**megafon**	[megafon]
carro (m) de patrulha	**devriye arabası**	[devrije arabası]
sirene (f)	**siren**	[siren]
ligar a sirene	**sireni açmak**	[sireni aʧmak]
toque (m) da sirene	**siren sesi**	[siren sesi]
cena (f) do crime	**olay yeri**	[olaj jeri]
testemunha (f)	**şahit**	[ʃahit]
liberdade (f)	**hürriyet**	[hyrrijet]
cúmplice (m)	**suç ortağı**	[suʧ ortaı]
escapar (vi)	**kaçmak**	[kaʧmak]
traço (não deixar ~s)	**iz**	[iz]

163. Polícia. Lei. Parte 2

procura (f)	**arama**	[arama]
procurar (vt)	**aramak**	[aramak]
suspeita (f)	**şüphe**	[ʃyphe]
suspeito	**şüpheli**	[ʃypheli]
parar (vt)	**durdurmak**	[durdurmak]
deter (vt)	**tutuklamak**	[tutuklamak]
caso (criminal)	**dava**	[dava]
investigação (f)	**soruşturma**	[soruʃturma]
detetive (m)	**dedektif**	[dedektif]
investigador (m)	**sorgu yargıcı**	[sorgu jargıʤı]
versão (f)	**versiyon**	[versjon]
motivo (m)	**gerekçe**	[gerekʧe]
interrogatório (m)	**sorgu**	[sorgu]
interrogar (vt)	**sorgulamak**	[sorgulamak]
questionar (vt)	**soruşturmak**	[soruʃturmak]
verificação (f)	**yoklama**	[joklama]
batida (f) policial	**tarama**	[tarama]
busca (f)	**arama**	[arama]
perseguição (f)	**kovalama**	[kovalama]
perseguir (vt)	**takip etmek**	[takip etmek]
seguir (vt)	**izlemek**	[izlemek]
prisão (f)	**tutuklama**	[tutuklama]
prender (vt)	**tutuklamak**	[tutuklamak]
pegar, capturar (vt)	**yakalamak**	[jakalamak]
captura (f)	**yakalama**	[jakalama]
documento (m)	**belge**	[belge]
prova (f)	**kanıt, ispat**	[kanıt], [ispat]
provar (vt)	**ispat etmek**	[ispat etmek]

pegada (f)	**ayak izi**	[ajak izı]
impressões (f pl) digitais	**parmak izleri**	[parmak izleri]
prova (f)	**delil**	[delil]
álibi (m)	**mazeret**	[mazeret]
inocente	**suçsuz**	[sutʃsuz]
injustiça (f)	**haksızlık**	[haksızlık]
injusto	**haksız**	[haksız]
criminal	**cinayet**	[dʒinajet]
confiscar (vt)	**el koymak**	[el kojmak]
droga (f)	**uyuşturucu**	[ujuʃturudʒu]
arma (f)	**silah**	[silah]
desarmar (vt)	**silahsızlandırmak**	[silah sızlandırmak]
ordenar (vt)	**emretmek**	[emretmek]
desaparecer (vi)	**kaybolmak**	[kajbolmak]
lei (f)	**kanun**	[kanun]
legal	**kanuni**	[kanuni]
ilegal	**kanuna aykırı**	[kanuna ajkırı]
responsabilidade (f)	**sorumluluk**	[sorumluluk]
responsável	**sorumlu**	[sorumlu]

NATUREZA

A Terra. Parte 1

164. Espaço sideral

cosmos (m)	**uzay, evren**	[uzaj], [evren]
cósmico	**uzay**	[uzaj]
espaço (m) cósmico	**feza**	[feza]
mundo (m)	**kainat**	[kajnat]
universo (m)	**evren**	[evren]
galáxia (f)	**galaksi**	[galaksi]
estrela (f)	**yıldız**	[jıldız]
constelação (f)	**takımyıldız**	[takımjıldız]
planeta (m)	**gezegen**	[gezegen]
satélite (m)	**uydu**	[ujdu]
meteorito (m)	**göktaşı**	[gøktaʃı]
cometa (m)	**kuyruklu yıldız**	[kujruklu jıldız]
asteroide (m)	**asteroit**	[asteroit]
órbita (f)	**yörünge**	[jørynge]
girar (vi)	**dönmek**	[dønmek]
atmosfera (f)	**atmosfer**	[atmosfer]
Sol (m)	**Güneş**	[gyneʃ]
Sistema (m) Solar	**Güneş sistemi**	[gyneʃ sistemi]
eclipse (m) solar	**Güneş tutulması**	[gyneʃ tutulması]
Terra (f)	**Dünya**	[dynja]
Lua (f)	**Ay**	[aj]
Marte (m)	**Mars**	[mars]
Vénus (f)	**Venüs**	[venys]
Júpiter (m)	**Jüpiter**	[ʒupiter]
Saturno (m)	**Satürn**	[satyrn]
Mercúrio (m)	**Merkür**	[merkyr]
Urano (m)	**Uranüs**	[uranys]
Neptuno (m)	**Neptün**	[neptyn]
Plutão (m)	**Plüton**	[plyton]
Via Láctea (f)	**Samanyolu**	[samanjolu]
Ursa Maior (f)	**Büyükayı**	[byjuk ajı]
Estrela Polar (f)	**Kutup yıldızı**	[kutup jıldızı]
marciano (m)	**Merihli**	[merihli]
extraterrestre (m)	**uzaylı**	[uzajlı]

alienígena (m)	**uzaylı**	[uzajlı]
disco (m) voador	**uçan daire**	[utʃan daire]
nave (f) espacial	**uzay gemisi**	[uzaj gemisi]
estação (f) orbital	**yörünge istasyonu**	[jørynge istasjonu]
lançamento (m)	**uzaya fırlatma**	[uzaja fırlatma]
motor (m)	**motor**	[motor]
bocal (m)	**roket meme**	[roket meme]
combustível (m)	**yakıt**	[jakıt]
cabine (f)	**kabin**	[kabin]
antena (f)	**anten**	[anten]
vigia (f)	**lombar**	[lombar]
bateria (f) solar	**güneş pili**	[gyneʃ pili]
traje (m) espacial	**uzay elbisesi**	[uzaj elbisesi]
imponderabilidade (f)	**ağırlıksızlık**	[aırlıksızlık]
oxigénio (m)	**oksijen**	[oksiʒen]
acoplagem (f)	**uzayda kenetlenme**	[uzajda kenetlenme]
fazer uma acoplagem	**kenetlenmek**	[kenetlenmek]
observatório (m)	**gözlemevi**	[gøzlemevi]
telescópio (m)	**teleskop**	[teleskop]
observar (vt)	**gözlemlemek**	[gøzlemlemek]
explorar (vt)	**araştırmak**	[araʃtırmak]

165. A Terra

Terra (f)	**Dünya**	[dynja]
globo terrestre (Terra)	**yerküre**	[jerkyre]
planeta (m)	**gezegen**	[gezegen]
atmosfera (f)	**atmosfer**	[atmosfer]
geografia (f)	**coğrafya**	[dʒoorafja]
natureza (f)	**doğa**	[doa]
globo (mapa esférico)	**yerküre**	[jerkyre]
mapa (m)	**harita**	[harita]
atlas (m)	**atlas**	[atlas]
Europa (f)	**Avrupa**	[avrupa]
Ásia (f)	**Asya**	[asja]
África (f)	**Afrika**	[afrika]
Austrália (f)	**Avustralya**	[avustralja]
América (f)	**Amerika**	[amerika]
América (f) do Norte	**Kuzey Amerika**	[kuzej amerika]
América (f) do Sul	**Güney Amerika**	[gynej amerika]
Antártida (f)	**Antarktik**	[antarktik]
Ártico (m)	**Arktik**	[arktik]

166. Pontos cardeais

norte (m)	**kuzey**	[kuzej]
para norte	**kuzeye**	[kuzeje]
no norte	**kuzeyde**	[kuzejde]
do norte	**kuzey**	[kuzej]
sul (m)	**güney**	[gynej]
para sul	**güneye**	[gyneje]
no sul	**güneyde**	[gynejde]
do sul	**güney**	[gynej]
oeste, ocidente (m)	**batı**	[batı]
para oeste	**batıya**	[batıja]
no oeste	**batıda**	[batıda]
ocidental	**batı**	[batı]
leste, oriente (m)	**doğu**	[dou]
para leste	**doğuya**	[douja]
no leste	**doğuda**	[douda]
oriental	**doğu**	[dou]

167. Mar. Oceano

mar (m)	**deniz**	[deniz]
oceano (m)	**okyanus**	[okjanus]
golfo (m)	**körfez**	[kørfez]
estreito (m)	**boğaz**	[boaz]
continente (m)	**kıta**	[kıta]
ilha (f)	**ada**	[ada]
península (f)	**yarımada**	[jarımada]
arquipélago (m)	**takımada**	[takımada]
baía (f)	**koy**	[koj]
porto (m)	**liman**	[liman]
lagoa (f)	**deniz kulağı**	[deniz kulaı]
cabo (m)	**burun**	[burun]
atol (m)	**atol**	[atol]
recife (m)	**resif**	[resif]
coral (m)	**mercan**	[merdʒan]
recife (m) de coral	**mercan kayalığı**	[merdʒan kajalı:ı]
profundo	**derin**	[derin]
profundidade (f)	**derinlik**	[derinlik]
abismo (m)	**uçurum**	[utʃurum]
fossa (f) oceânica	**çukur**	[tʃukur]
corrente (f)	**akıntı**	[akıntı]
banhar (vt)	**çevrelemek**	[tʃevrelemek]
litoral (m)	**kıyı**	[kıjı]
costa (f)	**kıyı, sahil**	[kıjı], [sahil]

maré (f) alta	**kabarma**	[kabarma]
refluxo (m), maré (f) baixa	**cezir**	[ʤezir]
restinga (f)	**sığlık**	[sı:ılık]
fundo (m)	**dip**	[dip]
onda (f)	**dalga**	[dalga]
crista (f) da onda	**dağ sırtı**	[daa sırtı]
espuma (f)	**köpük**	[køpyk]
tempestade (f)	**fırtına**	[fırtına]
furacão (m)	**kasırga**	[kasırga]
tsunami (m)	**tsunami**	[tsunami]
calmaria (f)	**limanlık**	[limanlık]
calmo	**sakin**	[sakin]
polo (m)	**kutup**	[kutup]
polar	**kutuplu**	[kutuplu]
latitude (f)	**enlem**	[enlem]
longitude (f)	**boylam**	[bojlam]
paralela (f)	**paralel**	[paralel]
equador (m)	**ekvator**	[ekvator]
céu (m)	**gök**	[gøk]
horizonte (m)	**ufuk**	[ufuk]
ar (m)	**hava**	[hava]
farol (m)	**deniz feneri**	[deniz feneri]
mergulhar (vi)	**dalmak**	[dalmak]
afundar-se (vr)	**batmak**	[batmak]
tesouros (m pl)	**hazine**	[hazine]

168. Montanhas

montanha (f)	**dağ**	[daa]
cordilheira (f)	**dağ silsilesi**	[daa silsilesi]
serra (f)	**sıradağlar**	[sıradaalar]
cume (m)	**zirve**	[zirve]
pico (m)	**doruk, zirve**	[doruk], [zirve]
sopé (m)	**etek**	[etek]
declive (m)	**yamaç**	[jamaʧ]
vulcão (m)	**yanardağ**	[janardaa]
vulcão (m) ativo	**faal yanardağ**	[faal janardaa]
vulcão (m) extinto	**sönmüş yanardağ**	[sønmyʃ janardaa]
erupção (f)	**püskürme**	[pyskyrme]
cratera (f)	**yanardağ ağzı**	[janardaa aazı]
magma (m)	**magma**	[magma]
lava (f)	**lav**	[lav]
fundido (lava ~a)	**kızgın**	[kızgın]
desfiladeiro (m)	**kanyon**	[kanjon]
garganta (f)	**boğaz**	[boaz]

fenda (f)	**dere**	[dere]
precipício (m)	**uçurum**	[uʧurum]
passo, colo (m)	**dağ geçidi**	[daa geʧidi]
planalto (m)	**yayla**	[jajla]
falésia (f)	**kaya**	[kaja]
colina (f)	**tepe**	[tepe]
glaciar (m)	**buzluk**	[buzluk]
queda (f) d'água	**şelâle**	[ʃelale]
géiser (m)	**gayzer**	[gajzer]
lago (m)	**göl**	[gøl]
planície (f)	**ova**	[ova]
paisagem (f)	**manzara**	[manzara]
eco (m)	**yankı**	[jankı]
alpinista (m)	**dağcı, alpinist**	[daaʤı], [alpinist]
escalador (m)	**dağcı**	[daaʤı]
conquistar (vt)	**fethetmek**	[fethetmek]
subida, escalada (f)	**tırmanma**	[tırmanma]

169. Rios

rio (m)	**nehir, ırmak**	[nehir], [ırmak]
fonte, nascente (f)	**kaynak**	[kajnak]
leito (m) do rio	**nehir yatağı**	[nehir jataı]
bacia (f)	**havza**	[havza]
desaguar no ...	**... dökülmek**	[døkylmek]
afluente (m)	**kol**	[kol]
margem (do rio)	**sahil**	[sahil]
corrente (f)	**akıntı**	[akıntı]
rio abaixo	**nehir boyunca**	[nehir bojunʤa]
rio acima	**nehirden yukarı**	[nehirden jukarı]
inundação (f)	**taşkın**	[taʃkın]
cheia (f)	**nehrin taşması**	[nehrin taʃması]
transbordar (vi)	**taşmak**	[taʃmak]
inundar (vt)	**su basmak**	[su basmak]
banco (m) de areia	**sığlık**	[sı:lık]
rápidos (m pl)	**nehrin akıntılı yeri**	[nehrin akıntılı jeri]
barragem (f)	**baraj**	[baraʒ]
canal (m)	**kanal**	[kanal]
reservatório (m) de água	**baraj gölü**	[baraʒ gøly]
eclusa (f)	**alavere havuzu**	[alavere havuzu]
corpo (m) de água	**su birikintisi**	[su birikintisi]
pântano (m)	**bataklık**	[bataklık]
tremedal (m)	**bataklık arazi**	[bataklık arazi]
remoinho (m)	**girdap**	[girdap]

arroio, regato (m)	**dere**	[dere]
potável	**içilir**	[itʃilir]
doce (água)	**tatlı**	[tatlı]
gelo (m)	**buz**	[buz]
congelar-se (vr)	**buz tutmak**	[buz tutmak]

170. Floresta

floresta (f), bosque (m)	**orman**	[orman]
florestal	**orman**	[orman]
mata (f) cerrada	**kesif orman**	[kesif orman]
arvoredo (m)	**koru, ağaçlık**	[koru], [aatʃlık]
clareira (f)	**ormanda açıklığı**	[ormanda atʃıklı:ı]
matagal (m)	**sık ağaçlık**	[ʃık aatʃlık]
mato (m)	**çalılık**	[tʃalılık]
vereda (f)	**keçi yolu**	[ketʃi jolu]
ravina (f)	**sel yatağı**	[sel jataı]
árvore (f)	**ağaç**	[aatʃ]
folha (f)	**yaprak**	[japrak]
folhagem (f)	**yapraklar**	[japraklar]
queda (f) das folhas	**yaprak dökümü**	[japrak døkymy]
cair (vi)	**dökülmek**	[døkylmek]
topo (m)	**ağacın tepesi**	[aadʒın tepesi]
ramo (m)	**dal**	[dal]
galho (m)	**ağaç dalı**	[aatʃ dalı]
botão, rebento (m)	**tomurcuk**	[tomurdʒuk]
agulha (f)	**iğne yaprak**	[i:ine japrak]
pinha (f)	**kozalak**	[kozalak]
buraco (m) de árvore	**kovuk**	[kovuk]
ninho (m)	**yuva**	[juva]
toca (f)	**in**	[in]
tronco (m)	**gövde**	[gøvde]
raiz (f)	**kök**	[køk]
casca (f) de árvore	**kabuk**	[kabuk]
musgo (m)	**yosun**	[josun]
arrancar pela raiz	**kökünden sökmek**	[køkynden søkmek]
cortar (vt)	**kesmek**	[kesmek]
desflorestar (vt)	**ağaçları yok etmek**	[aatʃları jok etmek]
toco, cepo (m)	**kütük**	[kytyk]
fogueira (f)	**kamp ateşi**	[kamp ateʃi]
incêndio (m) florestal	**yangın**	[jangın]
apagar (vt)	**söndürmek**	[søndyrmek]
guarda-florestal (m)	**orman bekçisi**	[orman bektʃisi]

proteção (f)	**koruma**	[koruma]
proteger (a natureza)	**korumak**	[korumak]
caçador (m) furtivo	**kaçak avcı**	[katʃak avdʒı]
armadilha (f)	**kapan**	[kapan]
colher (cogumelos, bagas)	**toplamak**	[toplamak]
perder-se (vr)	**yolunu kaybetmek**	[jolunu kajbetmek]

171. Recursos naturais

recursos (m pl) naturais	**doğal kaynaklar**	[doal kajnaklar]
minerais (m pl)	**madensel maddeler**	[madensel maddeler]
depósitos (m pl)	**katman**	[katman]
jazida (f)	**yatak**	[jatak]
extrair (vt)	**çıkarmak**	[tʃıkarmak]
extração (f)	**maden çıkarma**	[maden tʃıkarma]
minério (m)	**filiz**	[filiz]
mina (f)	**maden ocağı**	[maden odʒaı]
poço (m) de mina	**kuyu**	[kuju]
mineiro (m)	**maden işçisi**	[maden iʃtʃisi]
gás (m)	**gaz**	[gaz]
gasoduto (m)	**gaz boru hattı**	[gaz boru hattı]
petróleo (m)	**petrol**	[petrol]
oleoduto (m)	**petrol boru hattı**	[petrol boru hattı]
poço (m) de petróleo	**petrol kulesi**	[petrol kulesi]
torre (f) petrolífera	**sondaj kulesi**	[sondaʒ kulesi]
petroleiro (m)	**tanker**	[tanker]
areia (f)	**kum**	[kum]
calcário (m)	**kireçtaşı**	[kiretʃtaʃı]
cascalho (m)	**çakıl**	[tʃakılı]
turfa (f)	**turba**	[turba]
argila (f)	**kil**	[kil]
carvão (m)	**kömür**	[kømyr]
ferro (m)	**demir**	[demir]
ouro (m)	**altın**	[altın]
prata (f)	**gümüş**	[gymyʃ]
níquel (m)	**nikel**	[nikel]
cobre (m)	**bakır**	[bakır]
zinco (m)	**çinko**	[tʃinko]
manganês (m)	**manganez**	[manganez]
mercúrio (m)	**cıva**	[dʒıva]
chumbo (m)	**kurşun**	[kurʃun]
mineral (m)	**mineral**	[mineral]
cristal (m)	**billur**	[billyr]
mármore (m)	**mermer**	[mermer]
urânio (m)	**uranyum**	[uranjum]

A Terra. Parte 2

172. Tempo

tempo (m)	**hava**	[hava]
previsão (f) do tempo	**hava tahmini**	[hava tahmini]
temperatura (f)	**sıcaklık**	[sıʤaklık]
termómetro (m)	**termometre**	[termometre]
barómetro (m)	**barometre**	[barometre]
húmido	**nemli**	[nemli]
humidade (f)	**nem**	[nem]
calor (m)	**sıcaklık**	[sıʤaklık]
cálido	**sıcak**	[sıʤak]
está muito calor	**hava sıcak**	[hava sıʤak]
está calor	**hava ılık**	[hava ılık]
quente	**ılık**	[ılık]
está frio	**hava soğuk**	[hava souk]
frio	**soğuk**	[souk]
sol (m)	**güneş**	[gyneʃ]
brilhar (vi)	**ışık vermek**	[ıʃık vermek]
de sol, ensolarado	**güneşli**	[gyneʃli]
nascer (vi)	**doğmak**	[doomak]
pôr-se (vr)	**batmak**	[batmak]
nuvem (f)	**bulut**	[bulut]
nublado	**bulutlu**	[bulutlu]
nuvem (f) preta	**yağmur bulutu**	[jaamur bulutu]
escuro, cinzento	**kapalı**	[kapalı]
chuva (f)	**yağmur**	[jaamur]
está a chover	**yağmur yağıyor**	[jaamur jaıjor]
chuvoso	**yağmurlu**	[jaamurlu]
chuviscar (vi)	**çiselemek**	[ʧiselemek]
chuva (f) torrencial	**sağanak**	[saanak]
chuvada (f)	**şiddetli yağmur**	[ʃiddetli jaamur]
forte (chuva)	**şiddetli, zorlu**	[ʃiddetli], [zorlu]
poça (f)	**su birikintisi**	[su birikintisi]
molhar-se (vr)	**ıslanmak**	[ıslanmak]
nevoeiro (m)	**sis, duman**	[sis], [duman]
de nevoeiro	**sisli**	[sisli]
neve (f)	**kar**	[kar]
está a nevar	**kar yağıyor**	[kar jaıjor]

173. Tempo extremo. Catástrofes naturais

trovoada (f)	**fırtına**	[fırtına]
relâmpago (m)	**şimşek**	[ʃimʃek]
relampejar (vi)	**çakmak**	[ʧakmak]
trovão (m)	**gök gürültüsü**	[gøk gyryltysy]
trovejar (vi)	**gürlemek**	[gyrlemek]
está a trovejar	**gök gürlüyor**	[gøk gyrlyjor]
granizo (m)	**dolu**	[dolu]
está a cair granizo	**dolu yağıyor**	[dolu jaıjor]
inundar (vt)	**su basmak**	[su basmak]
inundação (f)	**taşkın**	[taʃkın]
terremoto (m)	**deprem**	[deprem]
abalo, tremor (m)	**sarsıntı**	[sarsıntı]
epicentro (m)	**deprem merkezi**	[deprem merkezi]
erupção (f)	**püskürme**	[pyskyrme]
lava (f)	**lav**	[lav]
turbilhão (m)	**hortum**	[hortum]
tornado (m)	**kasırga**	[kasırga]
tufão (m)	**tayfun**	[tajfun]
furacão (m)	**kasırga**	[kasırga]
tempestade (f)	**fırtına**	[fırtına]
tsunami (m)	**tsunami**	[tsunami]
ciclone (m)	**siklon**	[siklon]
mau tempo (m)	**kötü hava**	[køty hava]
incêndio (m)	**yangın**	[jangın]
catástrofe (f)	**felaket**	[felaket]
meteorito (m)	**göktaşı**	[gøktaʃı]
avalanche (f)	**çığ**	[ʧı:ı]
deslizamento (m) de neve	**çığ**	[ʧı:ı]
nevasca (f)	**tipi**	[tipi]
tempestade (f) de neve	**kar fırtınası**	[kar fırtınası]

Fauna

174. Mamíferos. Predadores

predador (m)	**yırtıcı hayvan**	[jırtıdʒı hajvan]
tigre (m)	**kaplan**	[kaplan]
leão (m)	**aslan**	[aslan]
lobo (m)	**kurt**	[kurt]
raposa (f)	**tilki**	[tilki]
jaguar (m)	**jagar, jaguar**	[ʒagar]
leopardo (m)	**leopar**	[leopar]
chita (f)	**çita**	[ʧita]
pantera (f)	**panter**	[panter]
puma (m)	**puma**	[puma]
leopardo-das-neves (m)	**kar leoparı**	[kar leoparı]
lince (m)	**vaşak**	[vaʃak]
coiote (m)	**kır kurdu**	[kır kurdu]
chacal (m)	**çakal**	[ʧakal]
hiena (f)	**sırtlan**	[sırtlan]

175. Animais selvagens

animal (m)	**hayvan**	[hajvan]
besta (f)	**vahşi hayvan**	[vahʃi hajvan]
esquilo (m)	**sincap**	[sindʒap]
ouriço (m)	**kirpi**	[kirpi]
lebre (f)	**yabani tavşan**	[jabani tavʃan]
coelho (m)	**tavşan**	[tavʃan]
texugo (m)	**porsuk**	[porsuk]
guaxinim (m)	**rakun**	[rakun]
hamster (m)	**cırlak sıçan**	[dʒirlak sıʧan]
marmota (f)	**dağ sıçanı**	[daa sıʧanı]
toupeira (f)	**köstebek**	[køstebek]
rato (m)	**fare**	[fare]
ratazana (f)	**sıçan**	[sıʧan]
morcego (m)	**yarasa**	[jarasa]
arminho (m)	**kakım**	[kakım]
zibelina (f)	**samur**	[samur]
marta (f)	**ağaç sansarı**	[aaʧ sansarı]
doninha (f)	**gelincik**	[gelindʒik]
vison (m)	**vizon**	[vizon]

castor (m)	**kunduz**	[kunduz]
lontra (f)	**su samuru**	[su samuru]
cavalo (m)	**at**	[at]
alce (m)	**Avrupa musu**	[avrupa musu]
veado (m)	**geyik**	[gejik]
camelo (m)	**deve**	[deve]
bisão (m)	**bizon**	[bizon]
auroque (m)	**Avrupa bizonu**	[avrupa bizonu]
búfalo (m)	**manda**	[manda]
zebra (f)	**zebra**	[zebra]
antílope (m)	**antilop**	[antilop]
corça (f)	**karaca**	[karadʒa]
gamo (m)	**alageyik**	[alagejik]
camurça (f)	**dağ keçisi**	[daa ketʃisi]
javali (m)	**yaban domuzu**	[jaban domuzu]
baleia (f)	**balina**	[balina]
foca (f)	**fok**	[fok]
morsa (f)	**mors**	[mors]
urso-marinho (m)	**kürklü fok balığı**	[kyrkly fok balı:ı]
golfinho (m)	**yunus**	[junus]
urso (m)	**ayı**	[ajı]
urso (m) branco	**beyaz ayı**	[bejaz ajı]
panda (m)	**panda**	[panda]
macaco (em geral)	**maymun**	[majmun]
chimpanzé (m)	**şempanze**	[ʃempanze]
orangotango (m)	**orangutan**	[orangutan]
gorila (m)	**goril**	[goril]
macaco (m)	**makak**	[makak]
gibão (m)	**jibon**	[ʒibon]
elefante (m)	**fil**	[fil]
rinoceronte (m)	**gergedan**	[gergedan]
girafa (f)	**zürafa**	[zyrafa]
hipopótamo (m)	**su aygırı**	[su ajgırı]
canguru (m)	**kanguru**	[kanguru]
coala (m)	**koala**	[koala]
mangusto (m)	**firavunfaresi**	[fıravunfaresi]
chinchila (m)	**şinşilla**	[ʃinʃilla]
doninha-fedorenta (f)	**kokarca**	[kokardʒa]
porco-espinho (m)	**oklukirpi**	[oklukirpi]

176. Animais domésticos

gata (f)	**kedi**	[kedi]
gato (m) macho	**erkek kedi**	[erkek kedi]
cão (m)	**köpek**	[køpek]

cavalo (m)	**at**	[at]
garanhão (m)	**aygır**	[ajgır]
égua (f)	**kısrak**	[kısrak]
vaca (f)	**inek**	[inek]
touro (m)	**boğa**	[boa]
boi (m)	**öküz**	[økyz]
ovelha (f)	**koyun**	[kojun]
carneiro (m)	**koç**	[kotʃ]
cabra (f)	**keçi**	[ketʃi]
bode (m)	**teke**	[teke]
burro (m)	**eşek**	[eʃek]
mula (f)	**katır**	[katır]
porco (m)	**domuz**	[domuz]
leitão (m)	**domuz yavrusu**	[domuz javrusu]
coelho (m)	**tavşan**	[tavʃan]
galinha (f)	**tavuk**	[tavuk]
galo (m)	**horoz**	[horoz]
pata (f)	**ördek**	[ørdek]
pato (macho)	**suna**	[suna]
ganso (m)	**kaz**	[kaz]
peru (m)	**erkek hindi**	[erkek hindi]
perua (f)	**dişi hindi**	[diʃi hindi]
animais (m pl) domésticos	**evcil hayvanlar**	[evdʒil hajvanlar]
domesticado	**evcil**	[evdʒil]
domesticar (vt)	**evcilleştirmek**	[evdʒilleʃtirmek]
criar (vt)	**yetiştirmek**	[jetiʃtirmek]
quinta (f)	**çiftlik**	[tʃiftlik]
aves (f pl) domésticas	**kümse hayvanları**	[kymse hajvanları]
gado (m)	**çiftlik hayvanları**	[tʃiftlik hajvanları]
rebanho (m), manada (f)	**sürü**	[syry]
estábulo (m)	**ahır**	[ahır]
pocilga (f)	**domuz ahırı**	[domuz ahırı]
estábulo (m)	**inek ahırı**	[inek ahırı]
coelheira (f)	**tavşan kafesi**	[tavʃan kafesi]
galinheiro (m)	**tavuk kümesi**	[tavuk kymesi]

177. Cães. Raças de cães

cão (m)	**köpek**	[køpek]
cão pastor (m)	**çoban köpeği**	[tʃoban køpei]
pastor-alemão (m)	**Alman Kurdu**	[alman kurdu]
caniche (m)	**kaniş**	[kaniʃ]
teckel (m)	**mastı**	[mastı]
buldogue (m)	**buldok**	[buldok]

boxer (m)	**boksör köpek**	[boksør køpek]
mastim (m)	**mastı**	[mastı]
rottweiler (m)	**rottweiler**	[rotvejler]
dobermann (m)	**doberman**	[doberman]
basset (m)	**basset av köpeği**	[basset av køpei]
pastor inglês (m)	**bobtail**	[bobtejl]
dálmata (m)	**dalmaçyalı**	[dalmaʧjalı]
cocker spaniel (m)	**cocker**	[koker]
terra-nova (m)	**Ternöv köpeği**	[ternøv køpei]
são-bernardo (m)	**senbernar**	[senbernar]
husky (m)	**haski**	[haski]
Chow-chow (m)	**chow chow, Çin Aslanı**	[ʧau ʧau], [ʧin aslanı]
spitz alemão (m)	**Spitz**	[ʃpits]
carlindogue (m)	**pug**	[pag]

178. Sons produzidos pelos animais

latido (m)	**havlama**	[havlama]
latir (vi)	**havlamak**	[havlamak]
miar (vi)	**miyavlamak**	[mijavlamak]
ronronar (vi)	**mırlamak**	[mırlamak]
mugir (vaca)	**böğürmek**	[bøjurmek]
bramir (touro)	**böğürmek**	[bøjurmek]
rosnar (vi)	**uğuldamak**	[uuldamak]
uivo (m)	**uluma**	[uluma]
uivar (vi)	**ulumak**	[ulumak]
ganir (vi)	**çenilemek**	[ʧenilemek]
balir (vi)	**melemek**	[melemek]
grunhir (porco)	**domuz homurtusu**	[domuz homurtusu]
guinchar (vi)	**acıyla havlamak**	[adʒıjla havlamak]
coaxar (sapo)	**vakvak etmek**	[vak vak etmek]
zumbir (inseto)	**vızıldamak**	[vızıldamak]
estridular, ziziar (vi)	**çekirge sesi çıkarmak**	[ʧekirge sesi ʧıkarmak]

179. Pássaros

pássaro (m), ave (f)	**kuş**	[kuʃ]
pombo (m)	**güvercin**	[gyverdʒin]
pardal (m)	**serçe**	[serʧe]
chapim-real (m)	**baştankara**	[baʃtankara]
pega-rabuda (f)	**saksağan**	[saksaan]
corvo (m)	**kara karga, kuzgun**	[kara karga], [kuzgun]
gralha (f) cinzenta	**karga**	[karga]
gralha-de-nuca-cinzenta (f)	**küçük karga**	[kyʧuk karga]

gralha-calva (f)	**ekin kargası**	[ekin kargası]
pato (m)	**ördek**	[ørdek]
ganso (m)	**kaz**	[kaz]
faisão (m)	**sülün**	[sylyn]
águia (f)	**kartal**	[kartal]
açor (m)	**atmaca**	[atmadʒa]
falcão (m)	**doğan**	[doan]
abutre (m)	**akbaba**	[akbaba]
condor (m)	**kondor**	[kondor]
cisne (m)	**kuğu**	[kuu]
grou (m)	**turna**	[turna]
cegonha (f)	**leylek**	[lejlek]
papagaio (m)	**papağan**	[papaan]
beija-flor (m)	**sinekkuşu**	[sinek kuʃu]
pavão (m)	**tavus**	[tavus]
avestruz (m)	**deve kuşu**	[deve kuʃu]
garça (f)	**balıkçıl**	[balıktʃıl]
flamingo (m)	**flamingo**	[flamingo]
pelicano (m)	**pelikan**	[pelikan]
rouxinol (m)	**bülbül**	[bylbyl]
andorinha (f)	**kırlangıç**	[kırlangıtʃ]
tordo-zornal (m)	**ardıç kuşu**	[ardıtʃ kuʃu]
tordo-músico (m)	**öter ardıç kuşu**	[øter ardıtʃ kuʃu]
melro-preto (m)	**karatavuk**	[kara tavuk]
andorinhão (m)	**sağan**	[saan]
cotovia (f)	**toygar**	[tojgar]
codorna (f)	**bıldırcın**	[bıldırdʒın]
pica-pau (m)	**ağaçkakan**	[aatʃkakan]
cuco (m)	**guguk**	[guguk]
coruja (f)	**baykuş**	[bajkuʃ]
corujão, bufo (m)	**puhu kuşu**	[puhu kuʃu]
tetraz-grande (m)	**çalıhorozu**	[tʃalı horozu]
tetraz-lira (m)	**kayın tavuğu**	[kajın tavuu]
perdiz-cinzenta (f)	**keklik**	[keklik]
estorninho (m)	**sığırcık**	[sı:ırdʒık]
canário (m)	**kanarya**	[kanarja]
galinha-do-mato (f)	**çil**	[tʃil]
tentilhão (m)	**ispinoz**	[ispinoz]
dom-fafe (m)	**şakrak kuşu**	[ʃakrak kuʃu]
gaivota (f)	**martı**	[martı]
albatroz (m)	**albatros**	[albatros]
pinguim (m)	**penguen**	[penguen]

180. Pássaros. Canto e sons

cantar (vi)	**ötmek**	[øtmek]
gritar (vi)	**bağırmak**	[baırmak]
cocorocó (m)	**kukuriku**	[kukuriku]
cacarejar (vi)	**gıdaklamak**	[gıdaklamak]
crocitar (vi)	**gaklamak**	[gaklamak]
grasnar (vi)	**vakvak etmek**	[vak vak etmek]
piar (vi)	**cıvıldamak**	[ʤivıldamak]
chilrear, gorjear (vi)	**cıvıldamak**	[ʤivıldamak]

181. Peixes. Animais marinhos

brema (f)	**çapak balığı**	[ʧapak balı:ı]
carpa (f)	**sazan**	[sazan]
perca (f)	**tatlı su levreği**	[tatlı su levrei]
siluro (m)	**yayın**	[jajın]
lúcio (m)	**turna balığı**	[turna balı:ı]
salmão (m)	**som balığı**	[som balı:ı]
esturjão (m)	**mersin balığı**	[mersin balı:ı]
arenque (m)	**ringa**	[ringa]
salmão (m)	**som, somon**	[som], [somon]
cavala, sarda (f)	**uskumru**	[uskumru]
solha (f)	**kalkan**	[kalkan]
lúcio perca (m)	**uzunlevrek**	[uzunlevrek]
bacalhau (m)	**morina balığı**	[morina balı:ı]
atum (m)	**ton balığı**	[ton balı:ı]
truta (f)	**alabalık**	[alabalık]
enguia (f)	**yılan balığı**	[jılan balı:ı]
raia elétrica (f)	**torpilbalığı**	[torpil balı:ı]
moreia (f)	**murana**	[murana]
piranha (f)	**pirana**	[pirana]
tubarão (m)	**köpek balığı**	[køpek balı:ı]
golfinho (m)	**yunus**	[junus]
baleia (f)	**balina**	[balina]
caranguejo (m)	**yengeç**	[jengeʧ]
medusa, alforreca (f)	**denizanası**	[deniz anası]
polvo (m)	**ahtapot**	[ahtapot]
estrela-do-mar (f)	**deniz yıldızı**	[deniz jıldızı]
ouriço-do-mar (m)	**deniz kirpisi**	[deniz kirpisi]
cavalo-marinho (m)	**denizatı**	[denizatı]
ostra (f)	**istiridye**	[istiridje]
camarão (m)	**karides**	[karides]
lavagante (m)	**ıstakoz**	[ıstakoz]
lagosta (f)	**langust**	[langust]

182. Amfíbios. Répteis

serpente, cobra (f)	**yılan**	[jılan]
venenoso	**zehirli**	[zehirli]
víbora (f)	**engerek**	[engirek]
cobra-capelo, naja (f)	**kobra**	[kobra]
pitão (m)	**piton**	[piton]
jiboia (f)	**boa yılanı**	[boa jılanı]
cobra-de-água (f)	**çayır yılanı**	[ʧajır jılanı]
cascavel (f)	**çıngıraklı yılan**	[ʧırgıraklı jılan]
anaconda (f)	**anakonda**	[anakonda]
lagarto (m)	**kertenkele**	[kertenkele]
iguana (f)	**iguana**	[iguana]
varano (m)	**varan**	[varan]
salamandra (f)	**salamandra**	[salamandra]
camaleão (m)	**bukalemun**	[bukalemun]
escorpião (m)	**akrep**	[akrep]
tartaruga (f)	**kaplumbağa**	[kaplumbaa]
rã (f)	**kurbağa**	[kurbaa]
sapo (m)	**kara kurbağa**	[kara kurbaa]
crocodilo (m)	**timsah**	[timsah]

183. Insetos

inseto (m)	**böcek, haşere**	[bøʤek], [haʃere]
borboleta (f)	**kelebek**	[kelebek]
formiga (f)	**karınca**	[karınʤa]
mosca (f)	**sinek**	[sinek]
mosquito (m)	**sivri sinek**	[sivri sinek]
escaravelho (m)	**böcek**	[bøʤek]
vespa (f)	**eşek arısı**	[eʃek arısı]
abelha (f)	**arı**	[arı]
mamangava (f)	**toprak yaban arısı**	[toprak jaban arısı]
moscardo (m)	**at sineği**	[at sinei]
aranha (f)	**örümcek**	[ørymʤek]
teia (f) de aranha	**örümcek ağı**	[ørymʤek aı]
libélula (f)	**kız böceği**	[kız bøʤei]
gafanhoto-do-campo (m)	**çekirge**	[ʧekirge]
traça (f)	**pervane**	[pervane]
barata (f)	**hamam böceği**	[hamam bøʤei]
carraça (f)	**kene, sakırga**	[kene], [sakırga]
pulga (f)	**pire**	[pire]
borrachudo (m)	**tatarcık**	[tatarʤık]
gafanhoto (m)	**çekirge**	[ʧekirge]
caracol (m)	**sümüklü böcek**	[symykly bøʤek]

grilo (m)	**cırcır böceği**	[ʤırʤır bøʤei]
pirilampo (m)	**ateş böceği**	[ateʃ bøʤei]
joaninha (f)	**uğur böceği**	[uur bøʤei]
besouro (m)	**mayıs böceği**	[majıs bøʤei]
sanguessuga (f)	**sülük**	[sylyk]
lagarta (f)	**tırtıl**	[tırtıl]
minhoca (f)	**solucan**	[soluʤan]
larva (f)	**kurtçuk**	[kurʧuk]

184. Animais. Partes do corpo

bico (m)	**gaga**	[gaga]
asas (f pl)	**kanatlar**	[kanatlar]
pata (f)	**ayak**	[ajak]
plumagem (f)	**tüyler**	[tyjler]
pena, pluma (f)	**tüy**	[tyj]
crista (f)	**sorguç**	[sorguʧ]
brânquias, guelras (f pl)	**solungaç**	[solungaʧ]
ovas (f pl)	**yumurta**	[jumurta]
larva (f)	**kurtçuk**	[kurʧuk]
barbatana (f)	**yüzgeç**	[juzgeʧ]
escama (f)	**pul, deri**	[pul], [deri]
canino (m)	**köpekdişi**	[køpekdiʃi]
pata (f)	**ayak**	[ajak]
focinho (m)	**hayvan burnu**	[hajvan burnu]
boca (f)	**ağız**	[aız]
cauda (f), rabo (m)	**kuyruk**	[kujruk]
bigodes (m pl)	**bıyık**	[bıjık]
casco (m)	**toynak**	[tojnak]
corno (m)	**boynuz**	[bojnuz]
carapaça (f)	**kaplumbağa kabuğu**	[kaplumbaa kabuu]
concha (f)	**kabuk**	[kabuk]
casca (f) de ovo	**yumurta kabuğu**	[jumurta kabuu]
pelo (m)	**tüy**	[tyj]
pele (f), couro (m)	**deri**	[deri]

185. Animais. Habitats

hábitat	**doğal ortam**	[doal ortam]
migração (f)	**göç**	[gøʧ]
montanha (f)	**dağ**	[daa]
recife (m)	**resif**	[resif]
falésia (f)	**kaya**	[kaja]
floresta (f)	**orman**	[orman]
selva (f)	**cengel**	[ʤengel]

savana (f)	**savana**	[savana]
tundra (f)	**tundura, tundra**	[tundura], [tundra]
estepe (f)	**bozkır**	[bozkır]
deserto (m)	**çöl**	[ʧøl]
oásis (m)	**vaha**	[vaha]
mar (m)	**deniz**	[deniz]
lago (m)	**göl**	[gøl]
oceano (m)	**okyanus**	[okjanus]
pântano (m)	**bataklık**	[bataklık]
de água doce	**tatlı su**	[tatlı su]
lagoa (f)	**gölet**	[gølet]
rio (m)	**nehir, ırmak**	[nehir], [ırmak]
toca (f) do urso	**ayı ini**	[ajı inı]
ninho (m)	**yuva**	[juva]
buraco (m) de árvore	**kovuk**	[kovuk]
toca (f)	**in**	[in]
formigueiro (m)	**karınca yuvası**	[karınʤa juvası]

Flora

186. Árvores

árvore (f)	**ağaç**	[aatʃ]
decídua	**geniş yapraklı**	[geniʃ japraklı]
conífera	**iğne yapraklı**	[i:ine japraklı]
perene	**her dem taze**	[her dem taze]
macieira (f)	**elma ağacı**	[elma aadʒı]
pereira (f)	**armut ağacı**	[armut aadʒı]
cerejeira (f)	**kiraz ağacı**	[kiraz aadʒı]
ginjeira (f)	**vişne ağacı**	[viʃne aadʒı]
ameixeira (f)	**erik ağacı**	[erik aadʒı]
bétula (f)	**huş ağacı**	[huʃ aadʒı]
carvalho (m)	**meşe**	[meʃe]
tília (f)	**ıhlamur**	[ıhlamur]
choupo-tremedor (m)	**titrek kavak**	[titrek kavak]
bordo (m)	**akça ağaç**	[aktʃa aatʃ]
espruce-europeu (m)	**ladin**	[ladin]
pinheiro (m)	**çam ağacı**	[tʃam aadʒı]
alerce, lariço (m)	**melez ağacı**	[melez aadʒı]
abeto (m)	**köknar**	[køknar]
cedro (m)	**sedir**	[sedir]
choupo, álamo (m)	**kavak**	[kavak]
tramazeira (f)	**üvez ağacı**	[yvez aadʒı]
salgueiro (m)	**söğüt**	[søjut]
amieiro (m)	**kızılağaç**	[kızılaatʃ]
faia (f)	**kayın**	[kajın]
ulmeiro (m)	**karaağaç**	[kara aatʃ]
freixo (m)	**dişbudak ağacı**	[diʃbudak aadʒı]
castanheiro (m)	**kestane**	[kestane]
magnólia (f)	**manolya**	[manolja]
palmeira (f)	**palmiye**	[palmije]
cipreste (m)	**servi**	[servi]
mangue (m)	**mangrov**	[mangrov]
embondeiro, baobá (m)	**baobab ağacı**	[baobab aadʒı]
eucalipto (m)	**okaliptüs**	[okaliptys]
sequoia (f)	**sekoya**	[sekoja]

187. Arbustos

arbusto (m)	**çalı**	[tʃalı]
arbusto (m), moita (f)	**çalılık**	[tʃalılık]

videira (f)	**üzüm**	[yzym]
vinhedo (m)	**bağ**	[baa]
framboeseira (f)	**ahududu**	[ahududu]
groselheira-preta (f)	**siyah frenk üzümü**	[sijah frenk yzymy]
groselheira-vermelha (f)	**kırmızı frenk üzümü**	[kırmızı frenk yzymy]
groselheira (f) espinhosa	**bektaşi üzümü**	[bektaʃi yzymy]
acácia (f)	**akasya**	[akasja]
bérberis (f)	**diken üzümü**	[diken yzymy]
jasmim (m)	**yasemin**	[jasemin]
junípero (m)	**ardıç**	[ardıʧ]
roseira (f)	**gül ağacı**	[gyl aaʤı]
roseira (f) brava	**yaban gülü**	[jaban gyly]

188. Cogumelos

cogumelo (m)	**mantar**	[mantar]
cogumelo (m) comestível	**yenir mantar**	[jenir mantar]
cogumelo (m) venenoso	**zehirli mantar**	[zehirli mantar]
chapéu (m)	**baş**	[baʃ]
pé, caule (m)	**ayak**	[ajak]
boleto (m)	**bir mantar türü**	[bir mantar tyry]
boleto (m) alaranjado	**kavak mantarı**	[kavak mantarı]
míscaro (m) das bétulas	**ak ağaç mantarı**	[ak aaʧ mantarı]
cantarela (f)	**horozmantarı**	[horoz mantarı]
rússula (f)	**çiğ yenen mantar**	[ʧi:i jenen mantar]
morchella (f)	**kuzu mantarı**	[kuzu mantarı]
agário-das-moscas (m)	**sinek mantarı**	[sinek mantarı]
cicuta (f) verde	**köygöçüren mantarı**	[køjgøʧuren mantarı]

189. Frutos. Bagas

fruta (f)	**meyve**	[mejve]
frutas (f pl)	**meyveler**	[mejveler]
maçã (f)	**elma**	[elma]
pera (f)	**armut**	[armut]
ameixa (f)	**erik**	[erik]
morango (m)	**çilek**	[ʧilek]
ginja (f)	**vişne**	[viʃne]
cereja (f)	**kiraz**	[kiraz]
uva (f)	**üzüm**	[yzym]
framboesa (f)	**ahududu**	[ahududu]
groselha (f) preta	**siyah frenk üzümü**	[sijah frenk yzymy]
groselha (f) vermelha	**kırmızı frenk üzümü**	[kırmızı frenk yzymy]
groselha (f) espinhosa	**bektaşi üzümü**	[bektaʃi yzymy]
oxicoco (m)	**kızılcık**	[kızılʤık]

laranja (f)	**portakal**	[portakal]
tangerina (f)	**mandalina**	[mandalina]
ananás (m)	**ananas**	[ananas]
banana (f)	**muz**	[muz]
tâmara (f)	**hurma**	[hurma]
limão (m)	**limon**	[limon]
damasco (m)	**kayısı**	[kajısı]
pêssego (m)	**şeftali**	[ʃeftali]
kiwi (m)	**kivi**	[kivi]
toranja (f)	**greypfrut**	[grejpfrut]
baga (f)	**meyve, yemiş**	[mejve], [jemiʃ]
bagas (f pl)	**yemişler**	[jemiʃler]
arando (m) vermelho	**kırmızı yaban mersini**	[kırmızı jaban mersini]
morango-silvestre (m)	**yabani çilek**	[jabani ʧilek]
mirtilo (m)	**yaban mersini**	[jaban mersini]

190. Flores. Plantas

flor (f)	**çiçek**	[ʧiʧek]
ramo (m) de flores	**demet**	[demet]
rosa (f)	**gül**	[gyl]
tulipa (f)	**lale**	[lale]
cravo (m)	**karanfil**	[karanfil]
gladíolo (m)	**glayöl**	[glajøl]
centáurea (f)	**peygamber çiçeği**	[pejgamber ʧiʧei]
campânula (f)	**çançiçeği**	[ʧanʧiʧei]
dente-de-leão (m)	**hindiba**	[hindiba]
camomila (f)	**papatya**	[papatja]
aloé (m)	**sarısabır**	[sarısabır]
cato (m)	**kaktüs**	[kaktys]
fícus (m)	**kauçuk ağacı**	[kauʧuk aaʤı]
lírio (m)	**zambak**	[zambak]
gerânio (m)	**sardunya**	[sardunija]
jacinto (m)	**sümbül**	[symbyl]
mimosa (f)	**mimoza**	[mimoza]
narciso (m)	**nergis**	[nergis]
capuchinha (f)	**latin çiçeği**	[latin ʧiʧei]
orquídea (f)	**orkide**	[orkide]
peónia (f)	**şakayık**	[ʃakajık]
violeta (f)	**menekşe**	[menekʃe]
amor-perfeito (m)	**hercai menekşe**	[herʤai menekʃe]
não-me-esqueças (m)	**unutmabeni**	[unutmabeni]
margarida (f)	**papatya**	[papatja]
papoula (f)	**haşhaş**	[haʃhaʃ]
cânhamo (m)	**kendir**	[kendir]

hortelã (f)	**nane**	[nane]
lírio-do-vale (m)	**inci çiçeği**	[indʒi ʧiʧei]
campânula-branca (f)	**kardelen**	[kardelen]
urtiga (f)	**ısırgan otu**	[ısırgan otu]
azeda (f)	**kuzukulağı**	[kuzukulaı]
nenúfar (m)	**beyaz nilüfer**	[bejaz nilyfer]
feto (m), samambaia (f)	**eğreltiotu**	[eereltiotu]
líquen (m)	**liken**	[liken]
estufa (f)	**limonluk**	[limonlyk]
relvado (m)	**çimen**	[ʧimen]
canteiro (m) de flores	**çiçek tarhı**	[ʧiʧek tarhı]
planta (f)	**bitki**	[bitki]
erva (f)	**ot**	[ot]
folha (f) de erva	**ot çöpü**	[ot ʧøpy]
folha (f)	**yaprak**	[japrak]
pétala (f)	**taçyaprağı**	[taʧjapraı]
talo (m)	**sap**	[sap]
tubérculo (m)	**yumru**	[jumru]
broto, rebento (m)	**filiz**	[filiz]
espinho (m)	**diken**	[diken]
florescer (vi)	**çiçeklenmek**	[ʧiʧeklenmek]
murchar (vi)	**solmak**	[solmak]
cheiro (m)	**koku**	[koku]
cortar (flores)	**kesmek**	[kesmek]
colher (uma flor)	**koparmak**	[koparmak]

191. Cereais, grãos

grão (m)	**tahıl, tane**	[tahıl], [tane]
cereais (plantas)	**tahıllar**	[tahıllar]
espiga (f)	**başak**	[baʃak]
trigo (m)	**buğday**	[buudaj]
centeio (m)	**çavdar**	[ʧavdar]
aveia (f)	**yulaf**	[julaf]
milho-miúdo (m)	**darı**	[darı]
cevada (f)	**arpa**	[arpa]
milho (m)	**mısır**	[mısır]
arroz (m)	**pirinç**	[pirinʧ]
trigo-sarraceno (m)	**karabuğday**	[karabuudaj]
ervilha (f)	**bezelye**	[bezelje]
feijão (m)	**fasulye**	[fasulje]
soja (f)	**soya**	[soja]
lentilha (f)	**mercimek**	[merdʒimek]
fava (f)	**bakla**	[bakla]

GEOGRAFIA REGIONAL

Países. Nacionalidades

192. Política. Governo. Parte 1

política (f)	**siyaset**	[sijaset]
político	**siyasi**	[sijasi]
político (m)	**siyasetçi**	[sijasetʃi]
estado (m)	**devlet**	[devlet]
cidadão (m)	**vatandaş**	[vatandaʃ]
cidadania (f)	**vatandaşlık**	[vatandaʃlık]
brasão (m) de armas	**ulusal sembol**	[ulusal sembol]
hino (m) nacional	**milli marş**	[milli marʃ]
governo (m)	**hükümet**	[hykymet]
Chefe (m) de Estado	**devlet başkanı**	[devlet baʃkanı]
parlamento (m)	**meclis, parlamento**	[medʒlis], [parlamento]
partido (m)	**parti**	[parti]
capitalismo (m)	**kapitalizm**	[kapitalizm]
capitalista	**kapitalist**	[kapitalist]
socialismo (m)	**sosyalizm**	[sosjalizm]
socialista	**sosyalist**	[sosjalist]
comunismo (m)	**komünizm**	[komynizm]
comunista	**komünist**	[komynist]
comunista (m)	**komünist**	[komynist]
democracia (f)	**demokrasi**	[demokrasi]
democrata (m)	**demokrat**	[demokrat]
democrático	**demokratik**	[demokratik]
Partido (m) Democrático	**demokratik parti**	[demokratik parti]
liberal (m)	**liberal**	[liberal]
liberal	**liberal**	[liberal]
conservador (m)	**tutucu**	[tutudʒu]
conservador	**tutucu**	[tutudʒu]
república (f)	**cumhuriyet**	[dʒumhurijet]
republicano (m)	**cumhuriyetçi**	[dʒumhurijetʃi]
Partido (m) Republicano	**cumhuriyet partisi**	[dʒumhurijet partisi]
eleições (f pl)	**seçim**	[setʃim]
eleger (vt)	**seçmek**	[setʃmek]

eleitor (m)	**seçmen**	[setʃmen]
campanha (f) eleitoral	**seçim kampanyası**	[setʃim kampanjası]
votação (f)	**oy verme**	[oj verme]
votar (vi)	**oy vermek**	[oj vermek]
direito (m) de voto	**oy hakkı**	[oj hakkı]
candidato (m)	**aday**	[adaj]
candidatar-se (vi)	**aday olmak**	[adaj olmak]
campanha (f)	**kampanya**	[kampanja]
da oposição	**muhalif**	[muhalif]
oposição (f)	**muhalefet**	[muhalefet]
visita (f)	**ziyaret**	[zijaret]
visita (f) oficial	**resmi ziyaret**	[resmi zijaret]
internacional	**uluslararası**	[uluslar arası]
negociações (f pl)	**görüşmeler**	[gøryʃmeler]
negociar (vi)	**görüşmek**	[gøryʃmek]

193. Política. Governo. Parte 2

sociedade (f)	**toplum**	[toplum]
constituição (f)	**anayasa**	[anajasa]
poder (ir para o ~)	**iktidar**	[iktidar]
corrupção (f)	**rüşvetçilik**	[ryʃvetʃilik]
lei (f)	**kanun**	[kanun]
legal	**kanuni**	[kanuni]
justiça (f)	**adalet**	[adalet]
justo	**adil**	[adil]
comité (m)	**komite, kurul**	[komite], [kurul]
projeto-lei (m)	**kanun tasarısı**	[kanun tasarısı]
orçamento (m)	**bütçe**	[bytʃe]
política (f)	**politika**	[politika]
reforma (f)	**reform**	[reform]
radical	**radikal**	[radikal]
força (f)	**güç**	[gytʃ]
poderoso	**güçlü**	[gytʃly]
partidário (m)	**taraftar, yandaş**	[taraflar], [jandaʃ]
influência (f)	**etki**	[etki]
regime (m)	**rejim**	[reʒim]
conflito (m)	**tartışma, çatışma**	[tartıʃma], [tʃatıʃma]
conspiração (f)	**komplo**	[komplo]
provocação (f)	**tahrik**	[tahrik]
derrubar (vt)	**devirmek**	[devirmek]
derrube (m), queda (f)	**devirme**	[devirme]
revolução (f)	**devrim**	[devrim]

golpe (m) de Estado	**darbe**	[darbe]
golpe (m) militar	**askeri darbe**	[askeri darbe]
crise (f)	**kriz**	[kriz]
recessão (f) económica	**ekonomik gerileme**	[ekonomik gerileme]
manifestante (m)	**gösterici**	[gøsteridʒi]
manifestação (f)	**gösteri**	[gøsteri]
lei (f) marcial	**sıkıyönetim**	[sikijonetim]
base (f) militar	**askeri üs**	[askeri ys]
estabilidade (f)	**istikrar**	[istikrar]
estável	**istikrarlı**	[istikrarlı]
exploração (f)	**sömürme**	[sømyrme]
explorar (vt)	**sömürmek**	[sømyrmek]
racismo (m)	**ırkçılık**	[ırktʃılık]
racista (m)	**ırkçı**	[ırktʃı]
fascismo (m)	**faşizm**	[faʃizm]
fascista (m)	**faşist**	[faʃist]

194. Países. Diversos

estrangeiro (m)	**yabancı**	[jabandʒı]
estrangeiro	**yabancı**	[jabandʒı]
no estrangeiro	**yurt dışında**	[jurt dıʃında]
emigrante (m)	**göçmen**	[gøtʃmen]
emigração (f)	**göç**	[gøtʃ]
emigrar (vi)	**göç etmek**	[gøtʃ etmek]
Ocidente (m)	**Batı**	[batı]
Oriente (m)	**Doğu**	[dou]
Extremo Oriente (m)	**Uzak Doğu**	[uzak dou]
civilização (f)	**uygarlık**	[ujgarlık]
humanidade (f)	**insanlık**	[insanlık]
mundo (m)	**dünya**	[dynja]
paz (f)	**huzur, barış**	[huzur], [barıʃ]
mundial	**dünya**	[dynja]
pátria (f)	**anayurt, vatan**	[anajurt], [vatan]
povo (m)	**millet, halk**	[millet], [halk]
população (f)	**nüfus**	[nyfus]
gente (f)	**halk, insanlar**	[halk], [insanlar]
nação (f)	**millet, ulus**	[millet], [ulus]
geração (f)	**nesil**	[nesil]
território (m)	**toprak**	[toprak]
região (f)	**bölge**	[bølge]
estado (m)	**eyalet**	[ejalet]
tradição (f)	**gelenek**	[gelenek]
costume (m)	**adet, gelenek**	[adet], [gelenek]

ecologia (f)	**ekoloji**	[ekoloʒi]
índio (m)	**kızılderili**	[kızılderili]
cigano (m)	**çingene**	[ʧingene]
cigana (f)	**çingene**	[ʧingene]
cigano	**çingene**	[ʧingene]
império (m)	**imparatorluk**	[imparatorluk]
colónia (f)	**koloni**	[koloni]
escravidão (f)	**kölelik**	[kølelik]
invasão (f)	**salgın**	[salgın]
fome (f)	**açlık**	[aʧlık]

195. Grupos religiosos mais importantes. Confissões

religião (f)	**din**	[din]
religioso	**dini**	[dini]
crença (f)	**inanç**	[inanʧ]
crer (vt)	**inanmak**	[inanmak]
crente (m)	**inançlı**	[inanʧlı]
ateísmo (m)	**ateizm**	[ateizm]
ateu (m)	**ateist**	[ateist]
cristianismo (m)	**Hıristiyanlık**	[hiristijanlık]
cristão (m)	**hıristiyan**	[hıristijan]
cristão	**hıristiyan**	[hıristijan]
catolicismo (m)	**Katoliklik**	[katoliklik]
católico (m)	**katolik**	[katolik]
católico	**katolik**	[katolik]
protestantismo (m)	**Protestanlık**	[protestanlık]
Igreja (f) Protestante	**Protestan kilisesi**	[protestan kilisesi]
protestante (m)	**protestan**	[protestan]
ortodoxia (f)	**Ortodoksluk**	[ortodoksluk]
Igreja (f) Ortodoxa	**Ortodoks kilisesi**	[ortodoks kilisesi]
ortodoxo (m)	**ortodoks**	[ortodoks]
presbiterianismo (m)	**Presbiteryenlik**	[presbiterjenlik]
Igreja (f) Presbiteriana	**Presbiteryen kilisesi**	[presbiterjen kilisesi]
presbiteriano (m)	**presbiteryen**	[presbiterjen]
Igreja (f) Luterana	**Lüteriyen kilisesi**	[lyterjen kilisesi]
luterano (m)	**lüteriyen**	[lyterjen]
Igreja (f) Batista	**Vaftiz Kilisesi**	[vaftiz kilisesi]
batista (m)	**vaftiz eden**	[vaftiz eden]
Igreja (f) Anglicana	**Anglikan kilisesi**	[anglikan kilisesi]
anglicano (m)	**anglikan**	[anglikan]
mormonismo (m)	**Mormonluk**	[mormonluk]
mórmon (m)	**mormon**	[mormon]

Judaísmo (m)	**Yahudilik**	[jahudilik]
judeu (m)	**Yahudi**	[jahudi]
budismo (m)	**Budizm**	[budizm]
budista (m)	**budist**	[budist]
hinduísmo (m)	**Hinduizm**	[hinduizm]
hindu (m)	**Hindu**	[hindu]
Islão (m)	**İslam**	[islam]
muçulmano (m)	**müslüman**	[myslyman]
muçulmano	**müslüman**	[myslyman]
Xiismo (m)	**Şiilik**	[ʃi:ilik]
xiita (m)	**Şii**	[ʃi:i]
sunismo (m)	**Sünnilik**	[synnilik]
sunita (m)	**Sünni**	[synni]

196. Religiões. Padres

padre (m)	**papaz**	[papaz]
Papa (m)	**Papa**	[papa]
monge (m)	**rahip**	[rahip]
freira (f)	**rahibe**	[rahibe]
pastor (m)	**Protestan papazı**	[protestan papazı]
abade (m)	**başrahip**	[baʃrahip]
vigário (m)	**bölge papazı**	[bølge papazı]
bispo (m)	**piskopos**	[piskopos]
cardeal (m)	**kardinal**	[kardinal]
pregador (m)	**hatip, vaiz**	[hatip], [vaiz]
sermão (m)	**vaaz**	[vaaz]
paroquianos (pl)	**cemaat**	[ʤemaat]
crente (m)	**inançlı**	[inanʧlı]
ateu (m)	**ateist**	[ateist]

197. Fé. Cristianismo. Islão

Adão	**Âdem**	[adem]
Eva	**Hava**	[hava]
Deus (m)	**Allah**	[allah]
Senhor (m)	**Tanrı**	[tanrı]
Todo Poderoso (m)	**Her şeye kadir**	[her ʃeje kadir]
pecado (m)	**günah**	[gynah]
pecar (vi)	**günah işlemek**	[gynah iʃlemek]
pecador (m)	**günahkâr**	[gynahkjar]

pecadora (f)	**günahkâr**	[gynahkjar]
inferno (m)	**cehennem**	[dʒehennem]
paraíso (m)	**cennet**	[dʒennet]
Jesus	**İsa**	[isa]
Jesus Cristo	**İsa Mesih**	[isa mesi]
Espírito (m) Santo	**Kutsal Ruh**	[kutsal ruh]
Salvador (m)	**Kurtarıcı**	[kurtarıdʒı]
Virgem Maria (f)	**Meryem Ana**	[merjem ana]
Diabo (m)	**Şeytan**	[ʃejtan]
diabólico	**şeytani, şeytanın**	[ʃejtani], [ʃejtanın]
Satanás (m)	**Şeytan**	[ʃejtan]
satânico	**şeytani, şeytanca**	[ʃejtani], [ʃejtandʒa]
anjo (m)	**melek**	[melek]
anjo (m) da guarda	**koruyucu melek**	[korujudʒu melek]
angélico	**melek gibi**	[melek gibi]
apóstolo (m)	**havari**	[havari]
arcanjo (m)	**baş melek**	[baʃ melek]
anticristo (m)	**deccal**	[dedʒal]
Igreja (f)	**Kilise**	[kilise]
Bíblia (f)	**İncil**	[indʒil]
bíblico	**İncile ait**	[indʒile ait]
Velho Testamento (m)	**Eski Ahit**	[eski ahit]
Novo Testamento (m)	**Yeni Ahit**	[jeni ahit]
Evangelho (m)	**İncil**	[indʒil]
Sagradas Escrituras (f pl)	**Kitabı Mukaddes**	[kitabı mukaddes]
Céu (m)	**Cennet**	[dʒennet]
mandamento (m)	**buyruk**	[bujruk]
profeta (m)	**peygamber**	[pejgamber]
profecia (f)	**peygamberlik**	[pejgamberlik]
Alá	**Allah**	[allah]
Maomé	**Muhammed**	[muhammed]
Corão, Alcorão (m)	**Kuran**	[kuran]
mesquita (f)	**cami**	[dʒami]
mulá (m)	**molla**	[molla]
oração (f)	**dua**	[dua]
rezar, orar (vi)	**dua etmek**	[dua etmek]
peregrinação (f)	**hacılık**	[hadʒılık]
peregrino (m)	**hacı**	[hadʒı]
Meca (f)	**Mekke**	[mekke]
igreja (f)	**kilise**	[kilise]
templo (m)	**ibadethane**	[ibadethane]
catedral (f)	**katedral**	[katedral]
gótico	**gotik**	[gotik]
sinagoga (f)	**sinagog**	[sinagog]

mesquita (f)	**cami**	[dʒami]
capela (f)	**ibadet yeri**	[ibadet jeri]
abadia (f)	**manastır**	[manastır]
convento (m)	**rahibe manastırı**	[rahibe manastırı]
mosteiro (m)	**manastır**	[manastır]
sino (m)	**çan**	[ʧan]
campanário (m)	**çan kulesi**	[ʧan kulesi]
repicar (vi)	**çalmak**	[ʧalmak]
cruz (f)	**haç**	[haʧ]
cúpula (f)	**kubbe**	[kubbe]
ícone (m)	**ikon**	[ikon]
alma (f)	**ruh**	[ruh]
destino (m)	**kader**	[kader]
mal (m)	**kötülük**	[køtylyk]
bem (m)	**iyilik**	[ijilik]
vampiro (m)	**vampir**	[vampir]
bruxa (f)	**cadı**	[dʒadı]
demónio (m)	**iblis**	[iblis]
espírito (m)	**ruh**	[ruh]
redenção (f)	**kefaretini ödeme**	[kefaretini ødeme]
redimir (vt)	**kefaretini ödemek**	[kefaretini ødemek]
missa (f)	**hizmet**	[hizmet]
celebrar a missa	**vaaz vermek**	[vaaz vermek]
confissão (f)	**günah çıkartma**	[gynah ʧıkartma]
confessar-se (vr)	**günah çıkartmak**	[gynah ʧıkartmak]
santo (m)	**aziz**	[aziz]
sagrado	**kutsal**	[kutsal]
água (f) benta	**kutsal su**	[kutsal su]
ritual (m)	**tören, ritüel**	[tøren], [rityel]
ritual	**kuttören**	[kyttøren]
sacrifício (m)	**kurban**	[kurban]
superstição (f)	**batıl inanç**	[batıl inanʧ]
supersticioso	**batıl inancı olan**	[batıl inandʒı olan]
vida (f) depois da morte	**ölüm sonrası hayat**	[ølym sonrası hajat]
vida (f) eterna	**ebedi hayat**	[ebedi hajat]

TEMAS DIVERSOS

198. Várias palavras úteis

ajuda (f)	**yardım**	[jardım]
barreira (f)	**engel**	[engel]
base (f)	**temel**	[temel]
categoria (f)	**kategori**	[kategori]
causa (f)	**neden**	[neden]
coincidência (f)	**tesadüf**	[tesadyf]
coisa (f)	**eşya**	[eʃja]
começo (m)	**başlangıç**	[baʃlangıʧ]
cómodo (ex. poltrona ~a)	**rahat**	[rahat]
comparação (f)	**karşılaştırma**	[karʃılaʃtırma]
compensação (f)	**tazmin**	[tazmin]
crescimento (m)	**büyüme**	[byjume]
desenvolvimento (m)	**gelişme**	[geliʃme]
diferença (f)	**farklılık**	[farklılık]
efeito (m)	**tesir**	[tesir]
elemento (m)	**eleman**	[eleman]
equilíbrio (m)	**denge**	[denge]
erro (m)	**hata**	[hata]
esforço (m)	**çaba**	[ʧaba]
estilo (m)	**tarz**	[tarz]
exemplo (m)	**örnek**	[ørnek]
facto (m)	**gerçek**	[gerʧek]
fim (m)	**son**	[son]
forma (f)	**şekil**	[ʃekil]
frequente	**sık**	[sık]
fundo (ex. ~ verde)	**fon**	[fon]
género (tipo)	**çeşit**	[ʧeʃit]
grau (m)	**derece**	[deredʒe]
ideal (m)	**ideal**	[ideal]
labirinto (m)	**labirent**	[labirent]
modo (m)	**usul**	[usul]
momento (m)	**an**	[an]
objeto (m)	**nesne**	[nesne]
obstáculo (m)	**engel**	[engel]
original (m)	**asıl**	[asıl]
padrão	**standart**	[standart]
padrão (m)	**standart**	[standart]
paragem (pausa)	**ara**	[ara]
parte (f)	**kısım**	[kısım]

partícula (f)	**küçük bir parça**	[kytʃuk bir partʃa]
pausa (f)	**ara**	[ara]
posição (f)	**vaziyet**	[vazijet]
princípio (m)	**prensip**	[prensip]
problema (m)	**problem**	[problem]
processo (m)	**süreç**	[syretʃ]
progresso (m)	**ilerleme**	[ilerleme]
propriedade (f)	**özellik**	[øzellik]
reação (f)	**tepki**	[tepki]
risco (m)	**risk**	[risk]
ritmo (m)	**tempo**	[tempo]
segredo (m)	**sır**	[sɪr]
série (f)	**seri**	[seri]
sistema (m)	**sistem**	[sistem]
situação (f)	**durum**	[durum]
solução (f)	**çözüm**	[tʃøzym]
tabela (f)	**tablo**	[tablo]
termo (ex. ~ técnico)	**terim**	[terim]
tipo (m)	**tip**	[tip]
urgente	**acil**	[adʒil]
urgentemente	**acele**	[adʒele]
utilidade (f)	**fayda**	[fajda]
variante (f)	**versiyon**	[versjon]
variedade (f)	**seçme**	[setʃme]
verdade (f)	**hakikat**	[hakikat]
vez (f)	**sıra**	[sɪra]
zona (f)	**bölge**	[bølge]

www.ingramcontent.com/pod-product-compliance
Lightning Source LLC
LaVergne TN
LVHW051347080426
835509LV00020BA/3315
* 9 7 8 1 7 8 4 0 0 8 9 8 7 *